Handbook for Faculty Development

大学のFD Q&A

佐藤浩章・中井俊樹・小島佐恵子
城間祥子・杉谷祐美子 編

玉川大学出版部

はじめに

　少子化、グローバル化、情報技術の進展といった変化は、大学に対してその教育の質向上ならびに質保証を求める動きを加速させています。2008年に大学設置基準が改正され、大学におけるFD（ファカルティ・ディベロップメント）が義務化されて以来、各大学では教育改善に向けた研修や研究に取り組まねばならなくなりました。

　こうした状況下において、大学の教授法やカリキュラム改革の必要性を指摘する研究書が数多く出版されています。また、優れた大学教員による授業実践をまとめた書籍も出版されることが多くなってきました。しかしながら、各大学でどのようにFDを進めていけばよいのかというFD担当者が抱える悩みに答えてくれる書物はまだまだ少ないのが実際です。本書は、FD担当者（全学や各学部のFD委員教員、教務系職員、大学教育センターに所属する教職員）向けに、効果的なFDの進め方について書いたハンドブックです。その他にも、FDに関心のある一般の大学教員、職員、管理職、そして将来この仕事をめざす大学院生・学生など、大学教育に関心のあるすべての人に手にとって読んでいただけます。本書の特徴は以下の3つです。

　1つ目は、すぐに実践に役立つという点です。困った時にこそ読んでいただきたい具体的なノウハウに溢れています。第2部はQ&A形式で書かれており、関心のあるトピックを選んで読むことができますし、第1部の「FD実践のための7つの指針」や「FD実践の5つのステップ」には、ノウハウが集約されています。

　2つ目は、教育学を専門としない読者を想定して、明解な記述に努めている点です。専門用語をできるだけ使わずに、わかりやすい言葉を使用しています。一方で、専門用語を使用する場合には、丁寧な解説をするようにしました。

　3つ目は、実践現場のリアリティを反映している点です。これは、執筆者の多くが各大学のFD担当者であるからこそ可能になったことです。私たちはFDを大学で展開することの苦労とやりがいについて十分に理解しています。第2部のQ&Aの回答部分は、研究の知見を基盤としていることはもちろん、執筆者の経験に裏づけられたものとなっています。

　なお、本書の内容をすべてこなす必要はありませんし、それは無理なことです。

組織やFD担当者の職務範囲・状況に応じて取捨選択をして本書を活用下さい。とりわけ初任のFD担当者は業務を抱えすぎないよう留意下さい。

　本書の刊行にあたり、多くの方々からご協力をいただきました。本書は、国立教育政策研究所FDer研究会のプロジェクトである『FDプログラムの構築支援とFDerの能力開発に関する研究』（平成20～22年度）が刊行のきっかけとなっています。同プロジェクトでは2009年に『大学・短大でFDに携わる人のためのFDマップと利用ガイドライン』、2010年に『大学における新任教員研修のための基準枠組』を刊行しており、本書の第2部はこれらに続く『大学・短大でFDに携わる人のためのQ&A』としてまとめたものが原型となっています（Q&A作成メンバー：小島佐恵子、城間祥子、中島夏子、杉谷祐美子、天野智水、細川和仁）。その後、大幅に加筆修正を行い、玉川大学出版部の『Q&A』シリーズとして出版することになりました。本書の作成にあたっては、当時の共同研究委員各位に原稿提供についてご快諾いただきました。

　日本高等教育開発協会会員の皆様には、2014年の合宿研修の場においてFDに関する質問項目を多数提供していただきました。また草稿段階では、多数の大学関係者から的確で有益なご助言および貴重な資料のご提供をいただきました。ＦＤ関連主要法令やFDの情報源などの資料を作成する際には、玉川大学出版部の『Q&A』シリーズの内容を執筆者の了解の上活用させていただきました。小川幸江氏（名古屋大学事務補佐員）、加地真弥氏（愛媛大学特定研究員）、三好奈央氏および神野友美氏（愛媛大学技術補佐員）には資料の作成や書式統一などにご協力いただきました。ただし、本書の内容に関する責任のすべては本書の執筆者が負うものであります。

　また、本書は「大学教員に求められる教育能力の質保証と大学教育資格の在り方に関する国際比較研究」（平成23～26年度科学研究費補助金（基盤研究（B）研究代表者　川島啓二）の成果の一部です。

　玉川大学出版部の森貴志氏には、本書の刊行の意義をご理解いただき、さまざまな支援をしていただきました。多くの皆様のご協力を得て、本書が出版されることとなりました。この場をお借りして、厚く御礼申し上げます。

　　　　　　　　　　　　2016年5月1日　編著者・執筆者を代表して　佐藤浩章

目　次

はじめに ………………………………………………………………………… 3
本書の構成と使い方 …………………………………………………………… 13

第1部　FDの実践のための指針 ──────── 15

1.1　FDとはどのような活動なのか …………………………………… 16
　1.1.1　FDの定義 …………………………………………………………… 16
　1.1.2　FDに取り組む理由 ………………………………………………… 18
　1.1.3　FDの具体的活動 …………………………………………………… 19

1.2　FD実践のための7つの指針 ……………………………………… 20
　指針1　大学の目標達成に資する活動を進める …………………………… 21
　指針2　大学教員と学生の学びを中心に考える …………………………… 21
　指針3　組織特性を理解する ………………………………………………… 22
　指針4　相手の問題解決を支援する ………………………………………… 22
　指針5　プロセスと成果の両方を重視する ………………………………… 23
　指針6　学内外の多様な関係者と連携する ………………………………… 23
　指針7　専門性を高める機会をつくる ……………………………………… 24

1.3　FD実践の5つのステップ ………………………………………… 24
　ステップ1　ニーズの把握 …………………………………………………… 25
　ステップ2　企画立案 ………………………………………………………… 26
　ステップ3　広報 ……………………………………………………………… 26
　ステップ4　実施 ……………………………………………………………… 27
　ステップ5　評価・報告 ……………………………………………………… 28

第2部　Q&A形式で学ぶFD ──────── 29

研修 …………………………………………………………………………… 30
　Q1　新任教員研修ではどのようなことを行えばよいでしょうか。 ……… 30

Q2 学内の教員が長時間の研修を受講することに慣れていません。20分
　　程度でできる研修はありますか。…………………………………… 31
Q3 内部講師と外部講師のそれぞれのメリットを教えてください。……… 32
Q4 研修の外部講師をどのように見つけたらよいでしょうか。………… 34
Q5 外部講師には研修をどのように依頼したらよいでしょうか。……… 35
Q6 研修の参加者を増やすためには、企画・広報でどのような工夫がで
　　きるでしょうか。…………………………………………………… 36
Q7 ワークショップ型のFDをどのように実施したらよいでしょうか。
　　………………………………………………………………………… 37
Q8 ワークショップで用いられるアイスブレイキングにはどのような方
　　法がありますか。…………………………………………………… 39
Q9 研修で使う道具や設備にはどのようなものがありますか。………… 40
Q10 研修では机やいすをどのように配置したらよいでしょうか。……… 42

授業評価 …………………………………………………………………… 44
Q11 FD担当者は、授業評価アンケートにどのように関わったらよいで
　　しょうか。…………………………………………………………… 44
Q12 形式化している授業評価アンケートをどのように見直せばよいで
　　しょうか。…………………………………………………………… 46
Q13 授業評価アンケートの回答率を上げるにはどうしたらよいでしょ
　　うか。………………………………………………………………… 48

授業参観・授業検討会 …………………………………………………… 50
Q14 教員相互による授業参観の効果的な方法はありますか。…………… 50
Q15 FDにマイクロティーチングをどのように取り入れることができま
　　すか。………………………………………………………………… 52
Q16 小学校や中学校の教員は授業改善に関わる研修を日常的に実施し
　　ていると聞きましたが、どのようなものですか。………………… 53

授業コンサルテーション ………………………………………………… 55
Q17 授業コンサルテーションをどのように実施したらよいでしょうか。
　　………………………………………………………………………… 55
Q18 授業コンサルテーションを行う上でFD担当者に求められる能力
　　とはどのようなものですか。……………………………………… 56

- Q19 教材を作成したいという教員にどのようなコンサルテーションができますか。 …………………………………………………………… 58

教授法 …………………………………………………………………………… 59
- Q20「優れた授業」はどのような特徴を持っているのでしょうか。 ……… 59
- Q21 多人数授業で効果的に教えるにはどうしたらよいでしょうか。 …… 60
- Q22 アクティブラーニングという言葉をよく聞きますが、どのような方法があるのでしょうか。 ………………………………………………… 61
- Q23 アクティブラーニングを促す教育技法を学内に普及させるにはどうしたらよいでしょうか。 ………………………………………………… 63
- Q24 学生はアクティブラーニングを好んでいないのではないでしょうか。 ……………………………………………………………………………… 64
- Q25 教える内容が多いのでアクティブラーニングが取り入れられないという教員の意見にどのように対応したらよいでしょうか。 ………… 65
- Q26 理工系科目でアクティブラーニングの導入は可能なのでしょうか。 ……………………………………………………………………………… 66
- Q27 PBL を推進するための FD をどのように実施したらよいでしょうか。 ……………………………………………………………………………… 67
- Q28 クリティカルシンキング能力の育成をテーマにした FD をどのように実施したらよいでしょうか。 ………………………………………… 69
- Q29 反転授業を自分の授業で取り入れてみたいという教員に対して、どのように説明したらよいでしょうか。 ………………………………… 70
- Q30 LMS（学習管理システム）を利用する教員を増やしたいのですが、何から始めたらよいでしょうか。 ……………………………………… 72
- Q31 授業を改善するための道具にはどのようなものがあるでしょうか。 ……………………………………………………………………………… 73
- Q32 ティーム・ティーチングをうまく行うにはどうしたらよいでしょうか。 ………………………………………………………………………… 74
- Q33 シラバスを書く意義を理解してくれない教員に対して、どのように対応したらよいでしょうか。 ……………………………………………… 76

研究指導 ………………………………………………………………………… 77
- Q34 研究指導において注意すべき点はどのようなことでしょうか。 …… 77

Q35 大学院教育に関するFDをどのように進めたらよいでしょうか。 ……………………………………………………………………… 78

カリキュラム ……………………………………………………… 80

Q36 カリキュラムのマネジメントはどのように行えばよいでしょうか。 ……………………………………………………………… 80

Q37 共通・教養教育のカリキュラム改革を行うにあたって、どのような点に留意したらよいでしょうか。 ……………………… 82

Q38 キャップ制を用いて単位制度の実質化を図るにはどのようにしたらよいでしょうか。 ………………………………………… 84

Q39 GPAを導入する際には、どのような点に留意したらよいでしょうか。 ……………………………………………………………… 86

Q40 科目ナンバリングを導入する際には、どのような点に留意したらよいでしょうか。 …………………………………………… 87

Q41 学生の授業外学習時間を増やすために、FD担当者はどのようなことができますか。 …………………………………………… 89

学習・学生支援 ……………………………………………………… 90

Q42 組織的な学習支援に取り組む際には、どのような点に留意したらよいでしょうか。 …………………………………………… 90

Q43 学生向けのポートフォリオを、学びの促進のためにどのように活用したらよいでしょう。 ………………………………… 91

Q44 ラーニング・コモンズを、どのように活用することができるのでしょうか。 …………………………………………………… 93

Q45 学生支援とFDはどのような関係にあるでしょうか。 ……… 94

教育業績 ……………………………………………………………… 95

Q46 大学教員に求められる教育能力とはどのようなものですか。 …… 95

Q47 FDへの参加を教員評価と結びつけるべきでしょうか。 ……… 96

Q48 ティーチング・ポートフォリオを作成する意義について、教員にどのように説明したらよいでしょうか。 ……………… 97

Q49 アカデミック・ポートフォリオを作成する意義について、どのように教員に説明したらよいでしょうか。 ………………… 99

Q50 教員の採用・昇進にあたって、教育業績を適切に評価する制度をどのように構築したらよいでしょうか。 ………………… 101

- Q51 教員表彰制度を大学に定着させたいのですが、そのメリット、デメリットは何でしょうか。……………………………………… 102

FD 担当者 ……………………………………………………………… 103
- Q52 FD 担当者になったばかりですが、まずは何から始めたらよいでしょうか。 ……………………………………………………… 103
- Q53 FD 担当者の役割と業務の範囲はどのようなものでしょうか。 ……… 104
- Q54 所属学部の FD 担当委員になりました。教育学の専門家ではないのですが、FD を担当できるのでしょうか。 …………………… 106
- Q55 FD 担当者に求められる能力や性格特性とはどのようなものでしょうか。 …………………………………………………………… 107
- Q56 FD 担当者の能力開発の方法にはどのようなものがありますか。 … 109
- Q57 ファカルティ・ディベロッパーという言葉をよく聞きますが、どのようにしたらなれるのでしょうか。 ……………………………… 110
- Q58 日本においてファカルティ・ディベロッパーにはどのようなことが期待されているのでしょうか。 ………………………………… 112

管理職 ……………………………………………………………………… 114
- Q59 管理職への FD はどのように実施すればよいでしょうか。 ………… 114
- Q60 管理職には FD に対してどのように関わってもらえばよいでしょうか。 ………………………………………………………………… 115
- Q61 FD に対する管理職のニーズと現場教員のニーズが異なる場合、どちらを優先すべきでしょうか。 …………………………………… 116

職員 ………………………………………………………………………… 118
- Q62 大学教育センター担当の職員の役割とはどのようなものでしょうか。 ………………………………………………………………… 118
- Q63 職員が FD に関わろうとしてくれない場合、どのように働きかけたらよいでしょうか。 ………………………………………………… 119

学生 ………………………………………………………………………… 120
- Q64 学生に FD に参加してもらう場合、どのような方法がありますか。 ……………………………………………………………………… 120
- Q65 学生による授業コンサルテーションというのは、どのようなものでしょうか。 ……………………………………………………… 122

組織マネジメント ……………………………………………………… 123
- Q66 FDを推進する学内の組織にはどのようなものがあるでしょうか。……………………………………………………………… 123
- Q67 FDのポリシーとはどのようなものでしょうか。………… 124
- Q68 FDを展開するにあたって、まずどのような人を巻き込んでいけばよいのでしょうか。…………………………………… 125
- Q69 教員からFDに対する理解を得るためにはどうしたらよいでしょうか。……………………………………………………… 126
- Q70 FDに批判的な教員にどのように対応したらよいでしょうか。…… 127
- Q71 うまくコミュニケーションがとれない教員には、どのように接したらよいでしょうか。……………………………………… 129
- Q72 FDに対する教員のニーズの把握をどのように行えばよいのでしょうか。……………………………………………………… 130
- Q73 FDプログラムの年度計画を立案する際、どのような点に留意したらよいでしょうか。……………………………………… 131
- Q74 FDを体系化するには、どうしたらよいでしょうか。……… 132
- Q75 FDは必修にした方がよいでしょうか。必修の場合、どのような点に留意したらよいでしょうか。……………………………… 133
- Q76 他機関と連携してFDを展開することのメリットはどのようなものでしょうか。……………………………………………… 134

FDの評価 …………………………………………………………………… 136
- Q77 FDの成果はどのように評価すればよいのでしょうか。………… 136
- Q78 学生の学習成果はどのように測定したらよいでしょうか。……… 137
- Q79 新入生、在学生、卒業生などに行った調査は、どのようにFDに活用できるでしょうか。……………………………………… 139
- Q80 FD担当者はIR部局とどのように連携すればよいでしょうか。… 140
- Q81 FD担当者はどのように認証評価に関与したらよいでしょうか。… 141

さまざまな種類のFD ……………………………………………………… 143
- Q82 語学系教員を対象としたFDをどのように進めたらよいでしょうか。……………………………………………………… 143
- Q83 教員養成を担う教員を対象としたFDをどのように進めたらよいでしょうか。……………………………………………… 145

Q84 理工系教員を対象としたFDをどのように進めたらよいでしょうか。 146

Q85 医療系教員を対象としたFDをどのように進めたらよいでしょうか。 148

Q86 小規模大学ではFDをどのように進めていけばよいでしょうか。 ... 149

Q87 研究を重視する大学ではFDをどのように進めていけばよいでしょうか。 150

Q88 英語による授業を行う教員のためのFDをどのように進めたらよいでしょうか。 152

Q89 研究能力に関わるFDとはどのようなものでしょうか。 153

Q90 ゼミナール型授業の質を高めるためにはどのようなFDをすればよいでしょうか。 154

Q91 新任教員が先輩教員に相談できるメンタリングプログラムとはどのような制度でしょうか。 156

Q92 プレFDをどのように展開していけばよいでしょうか。 157

Q93 同僚や学生と話し合うことをFDと捉えてもよいでしょうか。 158

Q94 自己啓発としてのFDを、教員にどのように促すことができるでしょうか。 159

Q95 授業改善に関わる研究会を、FD担当者としてはどのように支援できますか。 161

学問としてのFD 162

Q96 日本でFDについて学ぶ方法はありますか。 162

Q97 FDはどのような学問に支えられているのでしょうか。 164

Q98 SoTLはFDとどのように関係していますか。 165

Q99 諸外国の大学ではどのようなFDがなされているのでしょうか。 ... 166

Q100 日本のFDの独自性はどのような点にあるのでしょうか。 168

第3部 資料 ──────────────────── 171

3.1 研修テーマ一覧 172
3.2 研修実施要項の例 173
3.3 学外講師による研修ポスターの例 174

- 3.4 学内講師による研修ポスターの例 …………………………………… 175
- 3.5 研修評価アンケートの例 …………………………………………… 176
- 3.6 授業参観シートの例 ………………………………………………… 177
- 3.7 授業評価アンケートの例 …………………………………………… 178
- 3.8 FDで活用できる基本データの例 …………………………………… 179
- 3.9 教職員に推薦する書籍のリストの例 ……………………………… 180
- 3.10 FD関連主要法令 …………………………………………………… 182
- 3.11 FD関連年表 ………………………………………………………… 185
- 3.12 FDの情報源 ………………………………………………………… 194
- 3.13 FD関連推薦文献 …………………………………………………… 196

参考文献 …………………………………………………………………………… 199
編著者プロフィール ……………………………………………………………… 210
執筆者一覧 ………………………………………………………………………… 211

本書の構成と使い方

　本書は3部で構成されています。第1部から順に読まれることを前提に書いていますが、自分の関心のあるところから読むこともできます。特に第2部は一問一答形式となっており、Q&Aが独立しているため関心のあるテーマから読むことができます。

第1部　FDの実践のための指針
　FDを進める上で大切にしたい基本的な考え方や言動の規範となる「FD実践のための7つの指針」と、実施する際の標準的なプロセスである「FD実践のための5つのステップ」を提起します。

第2部　Q&A形式で学ぶFD
　Q&A形式で、FD担当者が抱えやすい疑問に対し、わかりやすく丁寧な解説をつけています。現場の切実な悩みに素早く、簡潔に答える内容となっています。

第3部　資料
　FDの実践において役立つ資料を集めています。研修実施要項、ポスター、研修や授業評価のためのアンケート、授業参観シートなどの例、FDに関連する法令や年表、組織・団体、ウェブサイト、文献等を紹介しています。

第1部　FDの実践のための指針

1.1 FDとはどのような活動なのか

1.1.1 FDの定義

日本において、FD実施の根拠となっているのは、大学設置基準の規定です。そこでは、「大学は、当該大学の授業の内容及び方法の改善を図るための組織的な研修及び研究を実施するものとする」(大学設置基準第25条の3) と定義されています。この規定は、一般的に「ファカルティ・ディベロップメント (Faculty Development: FD) の義務化」の根拠とされるものです。

しかしFDの定義は論者によって多様です (佐藤、2012)。たとえば、有本 (2005) は、FDを広義には「広く研究、教育、社会的サービス、管理運営の各側面の機能の開発であり、それらを包括する組織体と教授職の両方の自己点検・評価を含む」、狭義には「主に諸機能の中の教育に焦点を合わせる」と定義しています。大学設置基準の定義が授業改善に特化されている点を批判する声もあります (寺﨑、2006)。

2008年に中央教育審議会から出された『学士課程教育の構築に向けて』の用語解説においても、「単に授業内容・方法の改善のための研修に限らず、広く教育の改善、更には研究活動、社会貢献、管理運営に関わる教員団の職能開発の活動全般を指すものとしてFDの語を用いる場合もある」と、FDを広く捉える必要性について言及されました。

こうした議論を踏まえ、本書では、FDを「授業・教授法、カリキュラム、制度・規則・組織の改善・改革、教員の専門能力開発のための組織的な取り組み」と定義します。本書でこの定義を使用する理由は、現在の日本の大学で行われているFDには、授業改善だけではなく、カリキュラムや組織改善も含まれており、それらを一体化して捉える必要性があると考えるからです。また、実践事例は少ないものの今後発展が期待される、研究、社会貢献、管理運営に関わる教員の専門能力開発をも含む幅広い定義となっているからです。ただし本書においては、その中でも最もニーズの高い、教育能力の開発を中心に扱います。

開発すべき大学教員の能力については、「大学あるいは大学間の協同で主体的な論議を行い、大学教員の専門性を巡る共通理解をつくり、社会に宣明していくことが求められる」(中央教育審議会、2008) とされているように、政府が定めると

いうよりは、大学や大学界自らが考え定めるべき重要な課題であると言えます（羽田、2011）。大学によっては既にFDについて独自の定義やポリシーを決めているところもあります（表1）。法令や本書の定義を参考にして、まずは自大学でFDを定義することから始めるとよいでしょう。

表1　各大学のFDの定義（FDのポリシー）

愛媛大学のFDの定義 「FDとは、教育・学習効果を最大限に高めることを目指した、1. 授業の改善、2. カリキュラムの改善及び、3. 組織の整備・改革への組織的な取組の総称のことである」
立命館大学のFDの定義 「建学の精神と教学理念を踏まえ、学部・研究科・他教学機関が掲げる理念と教育目標を実現するために、カリキュラムや個々の授業についての配置・内容・方法・教材・評価等の適切性に関して、教員が職員と協働し、学生の参画を得て、組織的な研究・研修を推進するとともに、それらの取組みの妥当性、有効性について継続的に検証を行い、さらなる改善に活かしていく活動」
島根大学のFDポリシー 「FDとは、大学が掲げる教育理念・目標を実現すること、学生の学習効果を最大限に高めることを目的として、授業やカリキュラムの改善・質向上および組織の整備・改革を組織的に行う取組の総称である。その際、これまで日常的に行われている教育改善のための営み・対話を FD の本質的営為として位置づけるとともに、それらを教員と職員の協働、学生の参画を通じて実現するものとする」

なお「FD（Faculty Development）」という用語ですが、諸外国では同様の意味を示すものとして、「Staff Development（大学教職員の能力開発）」「Educational Development（教育開発）」、「Academic Development（学術開発）」、「Professional Development（専門性開発）」などさまざまな用語があります。これらは使用されている国の文化や単語の持つ意味によって少しずつ強調点が異なります。FDという用語については、とりわけ大学教員からの誤解や反発も多いことから、これに代わる用語を求める動きもあります（羽田、2009）。しかしながら、本書では、日本の読者に最も馴染みのあるFDという用語を使用します。

また、本書ではFDを担当する教職員を「FD担当者」と表現しています。「担当者」には、大学教育センターの専任教員だけではなく、学部に所属しながらFD委員として活動している教員、FDに関与している教学系の職員も含まれま

す。FD を主要な業務とし、専任で担当する教職員を、ファカルティ・ディベロッパー（FDer）と呼ぶこともあります。

1.1.2　FD に取り組む理由

では、そもそも大学や大学教員はなぜ FD に取り組まねばならないのでしょうか。確かに、教育基本法においても、教員は「自己の崇高な使命を深く自覚し、絶えず研究と修養に励み、その職責の遂行に努めなければならない（第9条第1項）」こと、「教員については、その使命と職責の重要性にかんがみ、その身分は尊重され、待遇の適正が期せられるとともに、養成と研修の充実が図られなければならない（第2項）」ことが規定されています。

しかしながら、法的な根拠以外にも、現代社会において大学教育の責任と役割が従来と比べて大きく変化しつつあることが挙げられます。その世界的な潮流を示すキーワードとして、「教育者中心の教育から学習者中心の教育へ（From Teaching to Learning）」というものがあります（加藤、2007）。学習者中心の教育とは、自ら学習を計画し実行できるような自律的な学習者となることを可能にする教育や、学習者が目的に応じて知識を再構築し、創造する能力を修得することを中心とする教育のことです。

このような教育は、近代社会における大学教育の方法の主流であった、客観化・体系化された知識の伝授を中心とする、一方的な講義型の教授法だけでは実現することができません。学習者中心の教育へ転換するためには、学生自身の考えや発言を引き出す教授法を開発したり、いくつかの科目を組み合わせて学習の目標を達成するモジュールや、授業時間外の学生の学習行動を活用した活動的なカリキュラム、およびグループでの学習活動のための学習環境をつくるなど、新しい教授法や教育プログラムを設計し、学習環境を整えていくことが必要です。

こうした新しい教育を効果的に開発し実行していくためには、まず、教育について直接的な責任を負う大学教員が、学習というものがいかに生じるのか、どのような教授法や教育プログラムの設計が効果的であるのかについて、教育学の基礎知識や技法を身につけていることが前提となります。そのためには、研修や個別のコンサルティングの提供が欠かせません。さらには、部局内での教育プログラムの改善活動や、全学的な教育方針の改正、学習支援システムの構築などによる学習環境の整備といった組織的な教育開発のための活動もまた FD の重要な要

素となります。

　大学の教育力向上のための取り組みは、もはや教員の個人的な努力による改善のみでは十分と言えなくなってきています。現代社会の要求に応えるためには、大学の教育理念・目標を基盤とした、より組織的なFDが必要なのです。

1.1.3　FDの具体的活動

　FDが扱う対象の広範性は既に定義で述べたとおりですが、以下では具体的にどのような活動がFDとして行われているのかを見ていきましょう。本書では、授業・教授法（ミクロレベル）、カリキュラム（ミドルレベル）、制度・規則・組織（マクロレベル）の3つに活動を分類しています（国立教育政策研究所FDer研究会、2009）（表2）。

表2　FD活動の分類

レベル	具体的な活動内容
授業・教授法 （ミクロレベル）	講演会・ワークショップ（例：新任教員研修、シラバス作成法、アクティブラーニングを促す教育技法、多人数講義法、学習評価法）、公開授業、授業参観、同僚評価（ピア・レビュー）、ティーム・ティーチング、授業コンサルテーション、eラーニング、教材・教科書作成、論文執筆、学会発表、教育業績記録作成、メンタリング
カリキュラム （ミドルレベル）	講演会・ワークショップ、各部局における委員会やワーキンググループでの作業（例：3つのポリシーの策定・一貫性構築の取り組み、カリキュラム改訂、教育系外部資金獲得のための申請書の作成）、他大学の視察
制度・規則・組織 （マクロレベル）	講演会・ワークショップ、全学的な委員会やワーキンググループでの作業（例：教員表彰制度導入、ＧＰＡ・キャップ制導入、学期制改革、学生からの意見聴取、授業アンケート改革）、他大学の視察

　ミクロレベルのFD活動には、シラバス作成やアクティブラーニングを促す教育技法に関わる講演会・ワークショップがあります。公開授業と授業参観もここに入るでしょう。組織的にeラーニング教材が整備されていれば、そうした教材を使って学習したり、自ら教材や教科書を作成したりすることもFDになるでしょう。

　ミドルレベルのFD活動には、各部局で行われているカリキュラム改訂の作業や、教育系外部資金獲得のための申請書作成作業があります。

　マクロレベルのFD活動には、全学的に行われている制度・規則・組織改革の

取り組みがあります。

　これらのFD活動の実施方法も多様です。職場内における人材育成方法を分類するのによく使われるのが、「自己啓発」「OJT」「Off-JT」です（中原、2014）。

　「自己啓発」というのは、組織からの指示に基づくものではなく、大学教員が自ら読書、eラーニング、教材作成、論文執筆などをとおして自己学習することです。大学教員が日々行っている研究とは、この自己啓発に他ならず、大学教員にとっては最も馴染みのあるはずの方法ですが、こうした活動をFDだと自覚していない大学教員も少なくありません。

　「OJT（On-the-Job Training）」というのは、職場における上司・部下あるいは同僚同士の関係の中で、仕事をしながら学習することです。大学教員に特有の問題としては、先輩・後輩という関係があっても、必ずしも教育歴の長い教員の教育能力が高く、後輩の教育能力が低いわけではないということがあります。そのため、先輩が後輩に対して指導・助言を行うといった行為が日常的に行われているわけでありません。さらに教員が担当する授業科目の専門性が高く、初等・中等教育に存在している学習指導要領もないため、指導・助言行為が成立するための共通の教育資源が少ないという課題もあります。

　「Off-JT（Off-the-Job Training）」というのは、一定の時間、職場・仕事から離れた場で行われる学習のことです。研修、講演会、セミナー、ワークショップといった名称で呼ばれます。FDと言った場合、最もよくイメージされるのはこれです。

　ここで挙げられたすべてのFD活動を実施しなければならないというわけではありません。組織内でどの活動に重点を置くかを検討すること自体が重要なFDです。まずは、自大学におけるFDの定義を明確にし、その目的を効果的に実現できるような活動を選んで実施していくとよいでしょう。

（小島佐恵子・加藤かおり・佐藤浩章）

1．2　FD実践のための7つの指針

　本書では、大学におけるFDの多様性を認識しつつも、優れたFDの実践に共通する原則が存在するという立場をとっています。ここでは、優れたFDの実践を進める上での指針を7つにまとめて示します。

指針1　大学の目標達成に資する活動を進める
指針2　大学教員と学生の学びを中心に考える
指針3　組織特性を理解する
指針4　相手の問題解決を支援する
指針5　プロセスと成果の両方を重視する
指針6　学内外の多様な関係者と連携する
指針7　専門性を高める機会をつくる

指針1　大学の目標達成に資する活動を進める

　FDの目的には、授業や教授法の改善だけではなく、カリキュラムや組織改革も含まれます。つまりFDは、個人のみならず、学部・学科や全学といった組織として取り組むものです。組織として資源を投入して取り組むのであれば、FDは当然ながら組織の目標達成に資する活動でなければなりません。そのためにFD担当者は、まず自大学の基本理念や人材養成目的を理解し、短・中・長期の計画ならびに目標を十分に理解しておく必要があります。

　大学の目標達成に資するということは、管理職の指示に従順であることを意味するわけではありません。その計画や目標に問題があれば、時に修正を行うように提言することもFD担当者の重要な役割です。あくまで組織の全構成員が最大限の利益を得るFDとは何かを考え、そのために貢献するべきです。

指針2　大学教員と学生の学びを中心に考える

　大学教育のあるべき姿については学内外のさまざまな関係者がそれぞれの見解を表明しています。FD担当者は、産業界の要請、マスコミの見解、行政の方針、管理職の指示、教員の意見、学生の要望などにどのように対応したらよいのでしょうか。こうした多様なニーズの中でも、特定のものに依拠してFDを進めることは避けなければなりません。時に対立するさまざまなニーズを分析して、最適な方法を導き出す必要があります。そうした判断をする際、FD担当者が中心に考えるべきことは、大学教員と学生の学びと成長です。

　FDの究極の目標は、大学の目標を達成しながらも、組織構成員の学びと成長がもたらされることであると言えます。いずれかにしか資さないFDでは持続しないでしょう。まずはFDの直接的な対象者である大学教員に、意味のある質の

高い学びをもたらすことを目指しましょう。しかし、そこでとどまっていては不十分です。大学教員が教育職である以上、その奥に存在する本来の目標は、学生の学びと成長です。つまり、学生にどのような知識、技能、態度が身についたのか、その能力を得るために、学生がどのような経験をしたのかが問われるでしょう。

指針3　組織特性を理解する

　大学の置かれている環境によって効果的なFDの方法は異なります。規模、設置主体、教員や学部・学科の専門性、所在地域、歴史、研究・教育への志向性、組織文化、意思決定方法、学生の能力・意欲、教員の年齢・専門性・能力・意欲といった指標に基づいて分析すれば、大学という組織は非常に多様であることがわかります。まずは勤務している大学の組織特性を理解しましょう。その上で、どのようなFDが有効なのかを考えます。その際に参考となるのが類似した他大学のFDの事例です。自大学と組織特性の類似した国内外の大学において、どのようなFDが展開されているのか、そして成果を上げているのかを参考にするとよいでしょう。そうした大学のFD担当者と相談できる関係をつくっておきましょう。

指針4　相手の問題解決を支援する

　FD担当者のもとにはさまざまな問題が持ち込まれます。教員からは授業や学生指導について、教務担当教員や職員からはカリキュラムについて、管理職や職員からは外部評価・認証評価、教育系外部資金について相談を受けることがあります。FD担当者の役割はこれらの問題の解答を導き出すことではなく、問題を抱える教職員が自ら問題を解決することを支援することです。これはコンサルテーション業務そのものです。コンサルテーションにおける3つの原則とは、「①答えは相手にある。②相手の味方になる。③相手の自発的な行動を促す」です。

　しかし、問題解決にあたって踏まえておくべき重要なことがあります。「FDは万能ではない」ということです。依頼のすべてには応えられませんし、応えるべきではないのです。たとえば、管理職から「FD活動に全く参加しない教員を参加させてほしい」と言われて悩んでいるFD担当者がいます。この場合、ニー

ズにあった質の高い FD を提供することはその解決策の 1 つですが、そもそもこの問題は FD をとおして解決できるものではありません。教員を率いる管理職が解決すべき問題です。このように、持ち込まれた問題が本当に FD 担当者の扱うべきものなのかどうかを慎重に判断した上で、時には「対応できません」と言うことも必要です。

指針 5　プロセスと成果の両方を重視する

「FD を進めることでどのような効果があるのか」という問いについて、FD 担当者は常に考えておく必要があります。取り組みの結果、どのような成果があったのかについては、直接的・間接的に検証を行い、より効果的な実践を続けていくことが求められます。

しかしながら、教育の成果にはすぐに出るものと出ないものとがあります。たとえば、研修の参加者数のようなあまりに直接的な成果のみに焦点を当てすぎると、中長期的に成果が表れるような取り組みを軽視することにもなりかねません。その場合は、直接的な成果よりも、間接的な成果、つまりプロセスそのものの効果についても配慮しておきます。たとえば、公開授業と授業参観の取り組みは、授業アンケートの結果が上昇するという直接的な成果を求めて行われるかもしれません。しかしながら、その取り組みによって教員同士に同僚としての感覚が醸成されて、組織内コミュニケーションが活性化するという間接的な成果もあります。こうした見えにくい効果に目を向けることも大切にしましょう。

指針 6　学内外の多様な関係者と連携する

FD の推進にあたっては学内外の多様な関係者と連携しながら進めることが不可欠です。学内においては、学部等に所属する教員、教務委員などの教学関係の業務を担当する教員、理事・学長・副学長・学部長・学科長といった管理職、人事課・教務課・入試課・就職課に所属する職員、学生自治会やクラブ・サークルに所属する学生などとの連携の可能性があります。学外においては、他大学の大学教育センターの教職員、高校教員、卒業生の受け入れ先企業や教育関連企業に勤務する会社員、政府や地方行政機関に勤務する行政職員、各種 NPO 職員などとの連携の可能性があります。こうした多様な関係者と友好的な関係を構築・維持しておく必要があります。日常的な情報交換の中から、現場の FD ニーズを把

握することができますし、FD の推進にあたって情報や労力といった資源を提供してくれたり、FD に否定的な教員を説得してくれたりすることもあります。

指針7　専門性を高める機会をつくる

　大学教員の学習を促す立場にある FD 担当者こそ、モデルとなる学習者でなければなりません。FD 担当者に求められる専門性については後述しますが、教育学や心理学に関わる知識だけではなく、経営学や組織論の知識、さらにはコミュニケーション能力、交渉力、調整力といった汎用的な能力が求められます。

　FD 担当者は研修に関わる際だけではなく、学内の委員会に参加する際も、常に他の教員からその言動を見られています。「こんなわかりにくい説明をする人とは一緒に仕事をしたくない」と言われないように、そして「あの人の企画する研修なら参加してみたい」と言われるように、日々専門性を高める努力をすることが必要です。関連する政策や法令、優れた FD の実践を把握しておくことは最低限必要です。業務に慣れてきたら、少しずつ関連する学会や研究会にも参加し、知識や情報を最新のものに更新しておきましょう。学内研修の講師として仕事をする場合には、民間企業や NPO が開催する、話し方・教え方・カウンセリング・コーチングなどの技法を学ぶ研修に参加して技能を磨いておきましょう。他大学の FD 担当者とネットワークを構築し、情報を交換したり、相互にフィードバックしあったりすることは、専門性を効率的に高めるよい方法です。

（佐藤浩章）

1.3　FD 実践の5つのステップ

　FD には、ミクロ、ミドル、マクロのそれぞれの段階の活動があります。方法も集合研修だけでなく、公開授業、メンタリング、コンサルテーションなどさまざまな形態があります。多様な FD が実践されていますが、いずれも大学の組織的な取り組みであるという点は共通しています。

　ここでは、FD 実践を進めるにあたって踏まえるべき標準的なプロセスを紹介します（中井、2015）。ニーズの把握、企画立案、広報、実施、評価・報告という5つのステップで進めるというものです。以下では、各ステップの留意点を紹介します。

図1 FD実践の5つのステップ

ステップ1 ニーズの把握

　FDに取り組むにあたって最初にすべきことは、FDのニーズの把握です。必要性が感じられないFDには、教員は参加する意欲を持てません。もしそのようなFDに参加を強いれば、FDに対して嫌悪感を持つ教員が増えてしまうことになるでしょう。

　ではFDのニーズはどのように把握したらよいのでしょうか。待っているだけで教員がFDのニーズを語ってくれるということはないでしょう。教員は授業を始めて約10年間は、授業に対する悩みや不安を持っているようです。しかし、そのことをFD担当者に素直に伝えるのはごく少数の教員です。つまり、多くの教員は、FDの必要性を感じながらも、あえて自分からは表明しません。そのため、FD担当者は、教授会での議論、学生によるアンケートの結果、認証評価の結果、日常の会話など、さまざまな場面でFDのニーズを把握する必要があります。

　ニーズを把握する方法は大きく2つに分けることができます。1つは、期待される教員像からニーズを把握する方法です。たとえば、外部資金を獲得するために全学的にアクティブラーニングを推進することが決まったので、教員が具体的な教授法を習得するための研修を開催するといったものです。

　もう1つは、現場の教員の具体的な課題からニーズを把握する方法です。たとえば、多人数講義においてどのように効率的に出席を確認するかなど、教員が実際に困っていたり、解決したいと思っている内容を取り上げるものです。

　これらの2つの方法は背反するものではありません。2つの方法から、FDのニーズを明確にしていくのです。

　ニーズを把握しにくい場合は、他大学のFDの実践を参考にしてもよいでしょう。他大学のFDの内容は、ウェブサイト、FD報告書、認証評価の自己点検・評価書などに記載されています。ただし、他大学のFDの実践を取り入れる場合は、それが自大学のニーズに合っているのかを確認し、必要に応じて修正するこ

とが必要です。

ステップ2　企画立案

　FDのニーズが定まったら、そのニーズにどのように応えていくのかといった実施のための計画を作成します。具体的な作業としては、企画書を作成することになります。

　企画書を作成する際には、まずFDの目的と対象者を明確にします。何のためにFDを実施するのか、そしてFDで参加者がどのような知識や技能を習得するのかを明確にしておくことが必要です。同時に対象者も検討します。専門の学問分野やキャリアの段階により、教員のFDのニーズは異なっています。教員全体を対象にするのか、新任教員や若手教員を対象とするのか、中堅・ベテランを対象とするのか、特定の授業を担当している教員を対象にするのかなどを定めます。

　次に検討すべきことはFDの方法です。FDには、講義型の研修、ワークショップ型の研修、勉強会や会議、個別のコンサルテーションなど、さまざまな方法があります。実施が可能な方法の中で、FDの目的と対象者に合ったものを選択します。研修の場合は、学内の教員に講師を担当してもらうのか、それとも外部の専門家を招聘するのかを検討します。そして、対象者が最も集まりやすい日時を定め、FDの方法に適した会場を選定します。

　FDを進めるにあたっては、FD委員会や大学教育センターといった組織が中心になるのが一般的です。しかしながら、FDの内容によっては、そうした組織に加えて、学部・学科、IR担当組織などと連携して進める必要が生じることもあります。その際は、複数の組織による共同開催の形にします。

　企画書が完成したら、然るべき手順で、実施に向けた合意形成を行います。組織によって、トップダウンで迅速に意思決定がなされたり、ボトムアップで時間をかけて意思決定がなされたり、合意形成の方法は異なります。当該組織における適切な意思決定の方法を十分に理解した上で、企画を提案しましょう。その際、他大学での実施事例や認証評価への対応について言及することが効果的な場合もあります。

ステップ3　広報

　合意形成がなされて、全教員の参加が義務づけられるFDの場合、広報活動に

あまり力を入れる必要はないかもしれません。一方で、自由参加形式のFDの場合、参加対象者を集めることもFD担当者の役割です。そのために重要なのが広報活動です。

対象者にはFDの情報が必ず伝わるようにしましょう。ポスター、メール、会議の場で告知をします。研修の場合は、開催日が近づいたらリマインダーのメールを送ったり直接声をかけたりすることも効果的です。

広報は、参加者を集めるだけでなく、参加者の学習意欲を高める手段でもあります。全教員参加の研修であったとしても、ポスターやメールの内容は、そのFDへの興味関心を喚起するようなものにしましょう。おもしろそうだな、やりがいがありそうだな、自分の授業にも活用できそうだなと参加者に思わせることが大切です。

また、FDに関連する書籍が配付されること、サンドイッチやコーヒーが提供されること、FDへの参加を業績評価に入れ込むことができること、などを広報の際に伝えることで参加者を増やしている大学もあります。

ステップ4　実施

FDの実施のための準備は念入りに行いましょう。研修の場合、配付資料を参加人数分用意するのは当然ですが、マイク、パソコン、プロジェクターなどの機器や空調、照明なども前もって確認しておきます。

研修の場合、座席配置が参加者の受講態度に影響を与えることも理解しておきましょう。講義型の研修でない場合は、グループの座席にする、机をなくして椅子だけにするなど研修の目的に合わせて適切な座席配置にします。座席が指定されないと、知り合い同士で近くに座る傾向があります。新鮮さと適度な緊張感を与え、参加者間のネットワークづくりを促すために、テーブルや座席を指定する方法もあります。

受付についても確認しておきましょう。当日に長い行列ができるのは避けなければなりません。十分な人数のスタッフを配置しておきましょう。また、受付では参加者を歓迎している雰囲気を出しましょう。

FDを開始するにあたって重要なことは、参加者全員にFDの目的と意義を理解してもらうことです。それらを丁寧に伝えることで、参加者の学習の準備を促すことができます。

たとえ自分が講師でなくても、FD担当者は研修時間中に休んでいてはいけません。講師が教える上で困っていることはないか、参加者が学ぶ上で困っていることはないかを確認しましょう。黒板の文字の大きさや色、マイクの音量など、講師が問題点に気づかない場合もあります。そのような場合は遠慮せずに伝えます。長時間になる場合、適度に休憩を入れましょう。飲み物やお菓子などを準備しておくと、参加者が飲み物を片手に内容について議論し始めるかもしれません。

ステップ5　評価・報告

　FDをやりっぱなしにしないように注意しましょう。評価を行うことで、次回以降のFDの実践をよりよいものにすることができます。また、認証評価などで求められるFDの実績の根拠資料とすることもできます。
　よく利用される評価の指標として、FDの参加者数と満足度があります。満足度に関してはFDの終了時にアンケートを参加者に配付して把握するという方法が一般的です。漠然と満足度を尋ねるのではなく、具体的にどのような理由で満足したのかが把握できるようにアンケート項目を作成した方がよいでしょう。
　また、FDの効果を測定するためには、参加者がどのような学習をしたのか、そして学習がどのような行動変容につながったのか、さらに学生の学習にどのような影響を与えたのかまでを念頭に入れるべきでしょう。これらを厳密に評価しようとすると、事後調査を実施しなければならず、大変な作業になります。しかし、アンケートにおいて「あなたは今回のFDをどのように活かせそうですか」と尋ね、行動変容の可能性を聞くことなどで効率的に実施する方法もあります。
　評価を実施したら報告書にまとめます。報告書の中では、参加者数や満足度のデータを記した上で、次回に向けた課題を記します。FD担当者が変更されても適切に引き継がれるよう、丁寧にまとめておきましょう。　　　　　　（中井俊樹）

第2部　Q&A形式で学ぶFD

Q1 　　　　　　　　　　　　　　　　　　　　　　　　　　　研修

新任教員研修ではどのようなことを行えばよいでしょうか。

A　各大学の新任教員研修の取り組みを見ると、自大学の現状と課題、学生の実態、学内の教育・研究支援リソースを紹介したり、新任教員同士の交流・コミュニティづくりの機会が設けられたりしています。

『大学における新任教員研修のための基準枠組』（国立教育政策研究所「大学における新任教員研修の基準枠組」作成ワーキンググループ、2010）は、全国で取り組まれている研修内容を整理したものです。この基準枠組は、まず、研修にとって最も大切な「育成したい知識・能力等」（目標）を整理・提示しています。そこでは、次のような目標が明示されています（一部のみを記載）（表3）。

表3　「大学における新任教員研修のための基準枠組」の目標（一部）

1. 大学コミュニティについての理解   　1-1. 大学に関する基礎知識を得る   　1-2. 同僚とのコミュニケーションをとる   2. 授業のデザイン（目標設定、実施計画、成績評価）   　2-1. 授業デザインのための基礎知識を習得する   　2-2. 授業デザインのためのスキルを習得する   3. 教育の実践   　3-1. 教育実践に関する基礎知識を習得する   　3-2. 学習者中心の授業および学習支援を実現し、学生の学習を促進する   　3-3. 学生と適切なコミュニケーションをとる   4. 成績の評価、フィードバック   　4-1. 教育の評価やフィードバックについての基礎知識を得る   　4-2. 適切な成績評価およびフィードバックを行う   5. 教育活動の自己改善・キャリア開発、教育開発   　5-1. 自己改善・キャリア開発や教育開発に関する基礎知識を習得する   　5-2. 自己改善・キャリア開発や教育開発のためのスキルを習得する

このような目標に加え、これらを達成するための学習方法・機会提供の例（FDプログラム）も明示されています。たとえば、「1. 大学コミュニティについての

理解」であれば、「講義」をとおして、学校の歴史、建学の精神、教育目標、学生の実態、学内の役立つ資源などを伝える、「ワークショップ」をとおして、新任教員同士が顔と名前を覚える機会や参加者の状況・ニーズ（不安、心配、期待）をお互いに知る機会をつくる、「キャンパスツアー」をとおして、学内の役立つ資源を見学・試行する機会をつくる、というものです。

とは言え、各大学の事情（学生の実態、学問領域、教育目標、新任教員の履歴等）は異なるでしょうから、この基準枠組を参考にしながら、各大学に適した新任教員研修をつくり上げるとよいでしょう。 　　　　　　　　　　（杉原真晃）

Q2　　　　　　　　　　　　　　　　　　　　　　　　　　　　　　　研修

学内の教員が長時間の研修を受講することに慣れていません。20分程度でできる研修はありますか。

A　研修の方法は、新しい知識や情報の提供に重点を置いた伝達講習型と、教員の専門性を相互に高め合う場の提供に重点を置いた相互研修型の、2つに分けることができます。十分な時間があれば、実践の振り返りと共有をとおして参加者の行動変容を促すような相互研修型の研修を実施することができます。20分以下の場合は、相互研修型を取り入れることは難しく、気づきや理解を促す伝達講習型の研修を行うのが一般的です。

20分以内でできる伝達講習型の研修の例として、次のものがあります。まず、授業で活用できる教授法やツールを紹介するというものです。授業の導入の工夫、発問の方法、板書の方法、私語への指導法、協同学習の技法、ミニッツペーパーの活用法など、1つのトピックに焦点をあてて説明し、参加者の授業実践のヒントとなるような気づきを促します。また、講義資料の提示やレポート管理などができる授業支援システム、インターネット上で大学の講義が受講できるMOOCs（Massive Online Open Courses）、受講者の反応をすぐに集めることができるクリッカーなどを紹介し、授業に活用できるICTに対する理解を深めてもらうこともできます。

次に、日本の政策や法令の要点、他大学の動向、海外の政策や実践を紹介する

こともできます。高等教育の改革の方向性や課題を紹介することで、FDの意義に対する理解を深める機会を提供できるだけでなく、大学教育のあり方や授業のあり方を教員自身が考える機会も提供できます。

この2つ以外にも、授業アンケートや学生アンケートの結果、成績の分布状況など学内の情報を提供したり、教育活動の改善に資するウェブサイトや書籍を紹介したりすることもできます。また、愛媛大学が作成している『データから考える愛大授業改善』のように、学生の実態をデータでわかりやすくまとめたポスター（p.179参照）を作成し、教授会などで紹介してもよいでしょう（愛媛大学教育・学生支援機構教育企画室、2015）。

短時間の1回のみの研修では大きな効果を期待することはできません。多くの内容を詰め込まず、1つのメッセージでも参加者に伝われば十分という考えで実施しましょう。また、短時間の研修をより効果的なものにするための工夫として、教授会の後に実施するなど、研修そのものを定例化することが挙げられます。

（小林忠資）

Q3　研修会

内部講師と外部講師のそれぞれのメリットを教えてください。

A　研修の目的が決まったら、誰に講師を依頼するかを検討します。講師の選択方法には2つあり、学内の教員の中から講師を見つける方法と学外の教員や専門家に講師を依頼する方法とがあります。それぞれのメリットをまとめたものが表4です（佐藤、2014）。

表4　内部講師と外部講師のメリット

	内部講師	外部講師
メリット	・学内の実践を共有できる ・大学の実態に沿う話題を提供できる ・コストを抑えることができる ・講師自身の成長の機会となる ・一体感を醸成できる	・影響力が強い ・危機感を与えることができる ・専門家や著名人を招くことができる ・他大学の取り組みを紹介できる ・研修に慣れた人が多い

新しい取り組みを行いたい場合や内側からの変革を期待できない場合、外部講師に依頼するのがよいでしょう。たとえば、最新のICTを授業に導入するための研修を企画したとします。そのような新しい技術を活用する取り組みの場合、学内で専門家や実践者を見つけることは困難かもしれません。既にその技術を活用した授業実践を行っている学外の専門家や実践者に依頼する方が、効果的な研修を期待できます。

　新しい技術を導入する以外にも、アクティブラーニングの導入、カリキュラムの見直し、ラーニング・コモンズの導入など、学内の関係者が抵抗を感じる内容を推進したい場合、外部講師に依頼するのが効果的です。学内の関係者に言われると抵抗を感じる内容でも、学外の人から言われると受容できる場合があるからです。

　一方、実践の共有化をとおして大学を組織として成長させたい場合は、内部講師に依頼するのが効果的です。内部講師による学内の実践の共有化は、組織内での対話的なコミュニケーションを促すものであり、大学を学習する組織へと成長させるための基盤となるからです。また、内部講師の経験は、研修を担当する講師自身の成長の機会となり、学内の教員の個人的成長を促すことにもつながります。内部講師を見つける際、多くの大学では学生による授業評価アンケートの結果や自由記述を利用しています。

　内部講師と外部講師のどちらが適切かは状況によります。まずは自分たちの企画している研修の目的を明確にすることです（渋谷、2010）。そして、内部講師と外部講師のそれぞれのメリットを認識した上で、その目的にあった講師を選択するようにしましょう。

（小林忠資）

Q4 研修

研修の外部講師をどのように見つけたらよいでしょうか。

A 外部講師を探す前に、まずは学内に適切な講師が本当にいないのか、外部講師に依頼してまで開催する必要がある研修なのかを確認しましょう。研修の目的に適した講師が自分の周りにいない場合は、学外で探すことになります。しかし、自分の知っている学外の人なら誰でもよいという心構えでは、講師にとっても参加者にとっても満足度の高い研修を開くことは難しいでしょう。

急に研修の目的に適した外部講師を探そうとしても、すぐに見つかるものではありません。日頃からFDに携わる教職員が多く参加する学会大会やイベントに参加し、名刺交換をしてネットワークを広げておきましょう。その中から目的に適した講師を見つけて依頼します。

日頃からさまざまな場に参加していたとしても、研修を誰に依頼したらよいかわからないという場合があります。特に、自分が知らないテーマについて研修を依頼する際にはよく起きます。そのような時は、表5の方法で情報を収集することができます（渋谷、2010）。これらの情報を基に外部講師の候補者をリストアップします。日程が合わない場合もあるので、あらかじめ複数の候補者を挙げておくとよいでしょう。 (小林忠資)

表5 講師を見つけるための情報収集方法

情報収集方法	内容
親しい講師へ相談	以前に研修を依頼したことがある講師や、名刺交換をしたことのある講師に研修のテーマを伝え、適した人を紹介してもらえないか相談する
インターネットの活用	ウェブサイトやメーリングリストを活用して、他大学で行われた研修の講師を探す
雑誌や書籍の活用	研修のテーマに関連した書籍や論文の執筆者を探す
学会や団体の活用	FDの専門家が多く所属する学会や団体に相談し、講師を紹介してもらう

Q5 研修

外部講師には研修をどのように依頼したらよいでしょうか。

A　学外の人に講師を依頼する場合、最も効果的な手段は、直接対面して「うちの大学でぜひ研修をしてもらいたい」と伝えるものです。このように依頼されたら、熱意を感じ、相手も簡単には断ることができません。しかし、遠方の場合や先方が多忙な場合など、対面での依頼が難しい場合も多々あります。そのような場合は、電話やメールで依頼することになります。研修の講師を多く担当している人の場合、職場の電話になかなかつながらないこともあります。その際は、メールで依頼するようにしましょう。

　研修を依頼する時に注意すべきことは、最初の依頼を誰がするかです。実務担当者が最初に依頼をした場合、断られる可能性があります。依頼したい講師と親しい人が学内にいる場合、まずはその人から依頼してもらいます。依頼したい講師と親しい人が学内にいない場合は、FD委員長などFDを統括する委員会や組織のトップが、最初の打診を行います。その後、研修の具体的な内容について、実務担当者が連絡をするという流れにするとよいでしょう。

　外部講師へ具体的な依頼する際に、メールに盛り込むべき内容をまとめたのが表6です（渋谷、2010）。

表6　講師依頼に際して盛り込むべき内容

・背景と目的
・日時
・研修の内容
・想定している参加者の人数と特徴
・会場の環境
・形態（講演会形式またはワークショップ形式）
・講師に来てもらいたい理由
・大学の概要（学部の構成、規模、カリキュラムの特徴、学生の特徴）
・回答期限
・謝礼金額
・会場までのアクセス

企画者が内容について言及するのは講師に失礼になると考える人もいるようです。しかし、研修をお願いしたい内容について明確に伝えておかないと、企画者が期待する内容とは異なるものになってしまう可能性があります。外部講師の経験を持つ人の多くは、希望内容を明確にして依頼してもらった方が、引き受けやすいと言います。

　また、その講師に来てもらいたい理由をしっかりと伝え、断りにくい心理をつくるのも重要です。他での研修の評判を聞いてぜひうちの大学でもやってもらいたい、他大学での研修に参加し感銘を受けた、といったことを伝えるのです。講師と親しい人から紹介してもらった場合などは、その人の名前を使うのもよいでしょう。依頼する講師の心を刺激するような工夫をさりげなく加えると、引き受けてもらえる可能性が高くなります。　　　　　　　　　　　　　　　　（小林忠資）

Q6　　　　　　　　　　　　　　　　　　　　　　　　　　　　　　研修

研修の参加者を増やすためには、企画・広報でどのような工夫ができるでしょうか。

　A　多くのFD担当者が、何日もかけて企画・広報し、目立つ場所にチラシを貼ったにも関わらず参加者が集まらずに悩んでいます。このような場合、費やした努力が報われませんし、依頼した講師に対しても申し訳がたちません。このような状況を生まないために、企画・広報を工夫しましょう。

　企画段階における工夫を2つ挙げます。1つは、実施日時の設定の工夫です。FD担当者の多くは参加者を集めることに焦点を当てがちですが、何もないところから参加者を集めるのには限界があります。人が集まったところで実施するという逆転の発想を持ってみましょう。たとえば、教員が必ず参加する教授会の前後や休憩の合間に実施するという方法があります。

　もう1つの工夫は、企画段階において多くの教員に関与してもらうことです。FDの企画を立案する時、なるべく多くの教員からどのような内容がよいのかを聞きます。企画段階でFDへの参加度を高め、当事者意識を持ってもらうことで、FDへの参加意欲を高めることができます。

広報段階における工夫として挙げられるのは、参加意欲を高める工夫です。研修案内を見ると、テーマと講師名しか書かれていないものがあります。これでは、参加者が研修をとおして何が身につくのかわからず、参加したいと思わせることはできません。研修をとおして参加者は何ができるようになるのかという到達目標をわかりやすい言葉で、研修案内に示しましょう（牟田、2007）。

　また、わかりにくいカタカナ用語を使っている案内も散見されます。「ルーブリック」「クリッカー」「ポートフォリオ」といった用語は、FDに関わっている人ならば知っておくべきものですが、一般の教員が理解しているわけではありません。「ブレずに公平な評価を短時間で行う方法」「学生の参加を促すICTの活用方法」「学生の自己学習能力を促す評価方法」といったように、初学者にも伝わる言葉を副題に添えるようにしましょう。

　参加してくれそうな知り合いの教員に対して個人的に声をかけるのも効果的です。全員に送信されたメールやチラシを見るよりも、直接誘われた方が参加しようという意欲が高まります。フォーマルな形で伝える必要はありません。廊下や食堂などで偶然会った時に誘ってみましょう。

　上述した2つ以外の広報の工夫として、学部長や学科主任から教員にメールを送ってもらう、企画立案に関わったメンバーに他の人を誘ってもらう、事前に質問を受けつけて講師から回答をもらう準備をしておく、1ページ程度の短いニュースレターを事前に送る、開催日が近づいたらリマインダーのメールを送付するなどがあります（夏目編、2006）。

（小林忠資）

Q7　研修

ワークショップ型のFDをどのように実施したらよいでしょうか。

A　ワークショップは、参加者が互いに協調して活動する形式で実施されます。こうした形式をとる背景には、参加者が既に持っている経験や能力を活用しようという意図があります（Cross, 2001）。また、能動的に学習過程に関与してもらうことで、学んだ内容と参加者自身が抱える課題との関連づけが行

われることをねらっています（バークレイ他、2009）。最終的には、参加者各自が実現可能な成果を得ることを目指します。

具体的な活動の中心は、ペアあるいはグループ活動であり、その前後に短い講義とグループ活動の報告を行うというのが典型的な手順です。

講義は、その後に続くグループ活動が活発になるよう、参加者の意識を高めるものである必要があります。講義で披露される知識や見解は、決して参加者によって無条件に受け入れられるべきものではなく、参加者自身が取捨選択、あるいは批判的に検討し発展させることになります。しかし、講義担当者は、当該課題についての深い知識や、高い問題意識を持っている必要があります（大隅、2003）。

グループ活動では、教材などの制作活動や、課題の新しい解決策の提案を行います（大隅、2003）。グループは所属や職階などが多様なメンバーで構成するとよいでしょう。多様性は見解の不一致による緊張をもたらす可能性がありますが、

表7　シラバス作成ワークショップの実施手順

講義（アイスブレイキングを含め50分）	・「シラバスを作成すると授業を円滑に進めることができるので、教員にとってもメリットが大きい」ことを伝えた上で、今後受講者が「効果的なシラバスを作成できる」ようになることが目標であることをはっきりと説明する。 ・シラバスの効用や構成要素（到達目標、計画、成績評価方法など）を紹介し、具体的な記述方法を構成要素ごとに説明する。 ・一方的な講義を長く続けることは避け、区切りのよいところで、一度ペアやグループでの短い活動を入れる。簡単な課題を提示し、アイスブレイキングを兼ねた活動にする。たとえば、到達目標の説明を終えた段階で目標の記述例を示し、その是非について検討を行ってもらう。
グループ活動（50分）	・架空の授業科目を想定してシラバスを制作することが課題。 ・課題の条件を視覚的に明示する。たとえば、授業科目名はシラバス作成講座、受講者は将来の大学教員である大学院生で、90分の授業2～3回で終了するプログラムである、など。 ・グループ活動に先立ち、個人で考える時間をとる。活動が円滑に進むように、メンバーの役割分担を決めるよう求め、制限時間も示す。また、グループ活動の成果を記録するワークシートを準備しておき、「記録係」に記載を求める。
全体共有（20分）	・グループごとに「発表係」がグループの成果を発表する。また、他グループからの質問やコメントを求める。 ・グループの数が多く、時間が足りないことが明らかな場合は、すべてではなくいくつかのグループからの発表に限定する。また、その旨を事前に伝えておく。発表しないグループに対しては、発表グループに対する質問やコメントを求める。

その一方で、複雑な課題をさまざまな角度から検討できるというメリットがあるからです。また、参加者の混乱や不満を招かないためには、グループ活動の手順を構造化する必要があります。課題が適切で明確であることはもちろんですが、何を、どの程度の時間で、どのように行うかといった手順も明確に示されなければなりません。グループ内で進行係、記録係、報告係といった役割を決めることも円滑な活動につながるでしょう（バークレイ他、2009）。

最後に、グループ活動の結果を報告することにより、参加者全体で成果を共有します。

新任教員を対象とした2時間程度のシラバス作成ワークショップの実施手順を示したのが表7です。 　　　　　　　　　　　　　　　　　　　　　　　（天野智水）

Q8　研修

ワークショップで用いられるアイスブレイキングにはどのような方法がありますか。

A　初めて会う参加者が多いワークショップの場合、開始直後は、氷のように堅苦しくて緊張した雰囲気に支配されていることがあります。そこで、参加者の不要な緊張を取り除き、居心地のよさを高めるために、アイスブレイキングと呼ばれる活動を実施します。アイスブレイキングは、互いに知り合う機会を参加者に提供する活動で、関わり合おうとする気持ちを引き起こし、有意義な協力関係に入っていくための、有益な導入となります（バークレイ他、2009）。

ゲームを織り交ぜた楽しい活動に参加してもらう方法がありますが、職場の同僚相手に用いるのはためらわれるかもしれません。ここでは、安永（2006）が話し合い学習の導入段階で用いている、自己紹介の方法を紹介しましょう。

①参加者をペアにし、1人につき30秒程度の自己紹介を行ってもらうことを伝えます。
②自己紹介ではフルネームを名乗ること、名前を覚えてもらうためにその由来や漢字を話すこと、そして自己ＰＲを行うこととし、その内容を各自が事前に考

える時間を取ります。
③自己紹介中、聞き手は相手の話を熱心に頷きながら聞き、途中で発言してはいけないことを伝えます。
④ペアでの自己紹介が終わったら、2組のペアで4人グループをつくります。
⑤自己紹介を受けた側が自己紹介をしてくれた相手を、新しいペアの2人に紹介します。

　学内の場合、名字はお互いに知っていることも多いでしょうが、下の名前は意外と知らないものです。名前を詳しく紹介し合うだけでも、周囲の参加者に親しみを覚え、その後の研修に取り組みやすくなるものです。
　一方、大学教員は1つひとつの作業に意味を感じないと参加してくれないこともあります。アイスブレイキングの意味をしっかり説明すると同時に、研修本体の内容に関連するアイスブレイキングを考えることも必要でしょう。
　なお、大学の授業で使えるアイスブレイキングの複数の事例が、佐藤編（2010）および中井編（2015）によってわかりやすく紹介されています。　　　　（天野智水）

Q9　研修

研修で使う道具や設備にはどのようなものがありますか。

A　道具や設備は、研修中の学習に影響を与える学習環境です。表8では、研修で活用できる道具を紹介しています。
　この他にも、タブレット端末を研修の場で用いることがあります。たとえば、カメラ機能を用いて手元にある小さなものをスクリーンで映し出せば、書画カメラとして使えます。また、タイマーのアプリケーションを掲示して時間管理をすることもできます。1人に1台端末があれば活用の場はさらに広がります。マインドマップのアプリケーションを使えば、自分の考えを視覚的に整理することができます。さまざまなアプリケーションや端末を活用することで、新しい研修スタイルが生まれています。

表8　研修で活用できる道具

道具	効果	活用方法と注意点
付箋紙	アイデアの発散と整理	課題に対する考えや意見を記入したり、整理したりする。さまざまな色やサイズがあるため課題に応じて使い分けることができる。
模造紙 フリップボード マーカー	情報の共有	情報を書いて共有する。グループでまとめた意見を大きく書いて全体に発表したり、研修中常に見てもらいたい注意事項等を書いておいたりする。1枚ずつはがして壁などに貼れるタイプもある。ただし大教室では見えにくいので避ける。
ネームカード 名札	参加者のコミュニケーション	名前を書く(書いてもらう)。実施者側で座席に用意しておくと、あらかじめ参加者の座る位置を設定することができる。
指示棒 レーザーポインタ	指示	スクリーン等の内容を示す。タブレット端末のタッチペンと伸縮可能な指示棒がセットになったレーザーポインタや、パソコンのスライドページ送り機能が付いたレーザーポインタもある。
トランプ サイコロ	グループ分け、役割分担	「一番大きな数字を出した人が司会」といった役割決めや「3のカードを持っている人で集まる」といったグループ分けをする。
シール	動機づけ	グループワークでよい貢献をしたと思われたら渡す、AとBどちらを選択するかシールを貼ってもらう、など使い方はさまざまある。意外と大人でも楽しめる。
○×カード	参加者とのコミュニケーション	簡単な○×クイズやアンケートをする。表裏で違う色の紙で代用することもできる。
お茶や菓子	リフレッシュ	休憩時間に簡単な飲食をする。特に長時間にわたる研修の場合は気分転換になる。

　次に設備です。どんなに内容が素晴らしい研修であっても、講師の声が聞こえなかったり、スクリーンが見えなかったりしたら台無しです。参加者の視点に立って事前にチェックしましょう。たとえば、広い部屋ではハンドマイクやピンマイクが使われます。ワイヤレスマイクは便利ですが、同じ部屋の中でも電波が届かない場所もあります。研修前にはマイクを持って歩きながら声が届いているかどうかチェックすることが必要です。

　一方で大事なのが、研修の雰囲気づくりです。音楽は会場の雰囲気を変える効果があります（パイク、2008）。参加者が会場に到着する時には明るい音楽、個人作業の時には静かな音楽、少人数でグループディスカッションをしている時には

速すぎず遅すぎない音楽が推奨されています。ただし、歌詞のある曲や有名な曲は、集中力を切らしてしまう恐れがあるので避けた方がよいでしょう。

　プロジェクターや照明、音響などの環境づくりは大切ですが、機器にはトラブルがつきものです。トラブルを未然に防ぐためには、機器が正常に作動するかを事前に入念に調べておくことが必要です。また実際トラブルが発生したらどうするのか、代替案を考えておかなければなりません。たとえば、備えつけのものとは別に持ち運びができるスピーカーやプロジェクターを準備したり、スライドだけではなく紙でも説明できるように準備したりしておくとよいでしょう。

(根岸千悠)

Q10　研修

研修では机やいすをどのように配置したらよいでしょうか。

　A　机といすの配置は、参加者が効果的に学習するためだけでなく、他の参加者とコミュニケーションをとる上でも重要な要素となるものです。もちろん、研修への参加者数や教室環境により工夫できることは限られます。100人以上が参加する講演会は、机といすが固定されている大講義室や講堂で開催されることが多く、配置を工夫する余地はないでしょう。しかし、100人未満が参加する研修で、可動式の机といすが配備されている教室であれば、さまざまな工夫が可能です。

　机といすの配置は、講師の指示にそって配置するのが一般的ですが、FD担当者も研修内容に適した配置について理解しておく必要があります。講師から指示がない場合、提案することもできるからです。図2は、研修時の机といすの代表的な配置です。

(小林忠資)

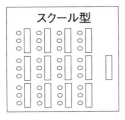
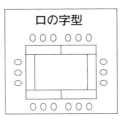
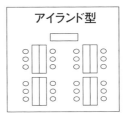

スクール型	ロの字型	アイランド型
多人数に向けた講義型の研修に適している。	全体での議論を行う研修に適している。	4～6人のグループワークを組み込んだワークショップ形式の研修に適している。

シアター型	扇型	サークル型
机を配置しないためスクール型よりも多くの人数が参加できる。一方的に聞くことを重視した講義型の研修に適している。	短時間の少人数での話し合いを組み込んだ講義型の研修に適している。	参加者同士の一体感を生み出したい研修に適している。

図2　机といすのレイアウト

出所：中野他（2009：119 - 121）を参考に執筆者作成

Q11 授業評価

FD担当者は、授業評価アンケートにどのように関わったらよいでしょうか。

A 山地編（2007）は、授業評価アンケートについて以下のように述べています。授業評価アンケートはあくまで学生の主観的な意見を把握するもので、これのみで授業を十分に評価できるものではない。しかし、学生の自律的な学習を促進するためには、学生の意見も授業のあり方に反映させる余地がある。また、単にアンケートを実施するだけでも個々の教員が改善指針を発見するという効果が期待できるが、さらに授業改善に結びつける組織的な仕組みを設けることが望まれる。

FD担当者が授業評価アンケートと関わる方法には4つあります。第1に、アンケートの質問項目の作成に関わることです。アンケートはほとんどの大学で実施されていますので、他大学の質問項目を参照するとよいでしょう。例として、香川大学の項目を表9に示します（香川大学、2010）。

なお、全学的に共通する質問項目のみを設けるか、学部・学科ごとの質問項目を設けるか、さらには授業担当者ごとの質問項目を設けるか、という点については、大学ごとに対応が異なっています。

第2に、アンケート結果を分析して、多くの授業が抱えている課題や学生満足度に影響を与える要因を明らかにすることです。この分析結果を用いた研究会や研修を実施することもできます。場合によっては、個々の授業の改善のみでは解決できない課題（施設設備やカリキュラムに関わる課題等）が明らかになるかもしれません。

第3に、アンケート結果を分析して、個別の教員のコンサルテーションを実施することです。つまり、アンケート結果から、自分の授業に課題があることはわかったが、具体的にどう対応して改善すればよいかわからない、という教員を個別に支援することです。授業改善を目的として、FD担当者にコンサルテーションを依頼する教員は、必ずしも授業評価アンケートの結果が芳しくなかったから相談に訪れるわけではありません。アンケート結果がよかったとしても、さらに

表9 授業評価アンケートの質問項目（香川大学）

	学生の取り組み	
①	1. 一週間のうち、授業以外にどれくらい時間を使いましたか	学習促進
	2. この授業に熱心に取り組みましたか	学生の熱心さ
	教員の授業への取り組み	
②	1. 教員の教育に対する熱意が感じられる	教員の熱意
	2. 教員の話し方は明瞭で聞きとりやすい	明瞭な話し方
	3. 学生の理解度を把握して授業を進めている	理解度の把握
	到達目標の達成に向けた授業	
③	1. シラバスに、授業の到達目標がわかりやすく書かれている	到達目標の明示
	2. 授業の到達目標の達成に向けて、授業全体が組み立てられている	目標と授業の関連
	3. 授業時間外の学習（予習復習等）を促す工夫がなされている	予習復習の促進
	到達目標の達成度と満足度	
④	1. あなたは、この授業の到達目標を達成できましたか	到達目標の達成
	2. あなたは、総合的に判断して、この授業に満足していますか	総合的満足度

よい授業を求めている場合もあります。この場合、FD担当者は授業評価アンケートとは別の調査を独自に実施した上で、課題の発見と解決の支援を行うこともできます。

　最後に、優れた教員を選定する判断材料の1つとして授業評価アンケートが用いられる場合があり、その作業にFD担当者が関わることです。たとえば、琉球大学では、授業評価アンケートを基に共通・教養教育科目の中から評価の高いものを選び、当該授業担当者を表彰し教育研究費を上乗せする仕組みを設けており、これにFD担当者が関与しています。これは、インセンティブを与える報奨制度ですが、同時に、表彰された教員に公開研究授業や授業実践報告を依頼することで、優れた授業実践を学内で共有しています。 　　　　　　　　　　　（天野智水）

Q12 授業評価

形式化している授業評価アンケートをどのように見直せばよいでしょうか。

A 多くの大学で、授業評価アンケートが実施され、今や授業評価アンケートは日常的な活動となりました。一方で、導入から時間が経過し、形式化が進行し、その結果が教員や組織の変化に貢献していないという実態もあるようです。以下に、アンケートを見直すための3つの問いを挙げます。

1つ目は、「質問項目は意味のあるものとなっているか」です。学期ごとに複数回実施される授業アンケートをとおして、学生は質問項目の背景にある教育・学習観を学習しています。これは「隠れたカリキュラム」とも言えます。質問項目が妥当かどうかの検討が必要です。

授業アンケートは1920年代のアメリカにおいて大学に導入されましたが、当時は教員の望ましい特性とは何かを探る研究の一貫として実施されました（大山、2007）。そのため「教えること」に焦点をあてた質問で構成されていました。その後、教育学のパラダイムは、TeachingからLearningへと大きく変化しましたが、多くの日本の大学は、ほぼ1世紀経った今でも当時つくられた項目を使って授業アンケートを実施しているのです。

「教えること」に焦点をあてた質問（Teaching-Focused Questions）に代えて、下記のような「学ぶこと」に焦点をあてた質問（Learning-Focused Questions）を増やす必要があるのではないでしょうか。

・学生がどのような質の学習をしているのか？
・学習意欲を高めている要因は何か（何が学習を促進しているのか）？
・学習意欲を低下させている要因は何か（何が学習を阻害しているのか）？
・どうしたらもっと学習を促進できるのか？

ここで言う学習とは、大学によって多様です。ものごとを正確に暗記することが学習だとする大学もあれば、人前で自分の意見を述べることこそ学習だとする

大学もあるでしょう。つまり、授業アンケートで問われているのは、私たちが望ましいと考えている教育・学習とはどのようなものかということ（教育・学習観）なのです。

　2つ目は、「結果が確実に学生にフィードバックされているか」です。学生が真面目にアンケートに回答しない理由の1つが、自分たちに直接的なメリットがないことです。授業の冒頭で、前学期の授業評価アンケートの結果をどのように活用したのかを説明することもフィードバックの1つですが、スマートフォンやクリッカーを使えば、最終回の授業であっても、アンケート結果を学生に即時に提示することができます。その結果に対して、その場で教員がコメントを述べることで迅速なフィードバックができます。

　学生にフィードバックするもう1つの方法が、アンケートの実施時期を中間期に移行するというものです。授業を最後まで終えない限り正確な評価はできないと反論する教員もいるでしょう。確かにその意見には一理ありますが、実施時期を前倒しし、結果を踏まえて教員が改善の努力をし、学生にその変化を実感してもらうことにはもっと価値があります。

　3つ目は、「実施回数は適切で、意味のあるフィードバックが教員になされているか」というものです。一般的な授業アンケートの問題点は、教員にとっては、学期中のすべての授業のアンケート結果を十分に分析して授業改善に取り組む時間的余裕がないことにあります。また学生にとっては、一定期間中に多くのアンケートに回答しなければならないため機械的に回答してしまい、意味のあるコメントを書けなくなることにあります。

　スイスのローザンヌ大学では、すべての授業ではなく、2年に1度、最低1科目でアンケートを実施することに変えました。教員は自分で重点を考えて改善しようと思う科目を選択できます。FD担当者が結果に目を通し、改善のためのコメントを付すようにしました。また、すべての教室にポスターを掲示し、学生に意味あるコメントをするよう促しました。そして、アンケートは最終回よりも前の回に実施し、最終回の授業では結果について必ず学生にフィードバックすることにしました。

（佐藤浩章）

Q13 授業評価

授業評価アンケートの回答率を上げるにはどうしたらよいでしょうか。

A　授業評価アンケートの回収率が低いことは、FD担当者の悩みの1つです。一方、回収率は高くても、すべての項目が同じ回答だったり、空白の自由記述欄が多かったりという状況も、質的に問題があります。質量ともに意味のある回答を得るためにはどうしたらよいのでしょうか。

　授業評価アンケートを実施媒体で分けると、紙によるアンケートとオンラインアンケートがあります。

　まず、紙によるアンケートの回収率を上げる方法についてです。概して紙によるアンケートの回収率は高いのですが、もし低いとすれば、原因として教員、学生、組織に起因するものが考えられます。

　教員に起因するものとしては、教員が「こんなことをしても何も変わらない」とアンケートを軽視している、あるいは「そもそも大学教員の授業を学生が評価することはおかしい」と反発しているためにアンケートを実施していないことが考えられます。また、授業に自信がない教員は、結果が悪くなることを恐れて、アンケートを実施しない場合もあります。いずれも、授業評価アンケートの意義や効果についての理解不足が原因でしょう。学生による授業評価アンケート結果の妥当性については既に多数の先行研究によって実証されています（米谷、2010）。管理職が直接本人に実施の意義を伝えたり、FD担当者が研修を開催したりするとよいでしょう。

　また、教員がアンケートを記入する時間やタイミングを工夫することで、回答率を上げることもできます。最終回の授業の最後の時間帯に実施すると、学生は早く教室から退出したいためにいい加減な回答をしたり、提出せずに退出したりする可能性が高くなります。授業の冒頭や中盤に、適切な時間（10〜15分）をとるとよいでしょう。

　学生に起因するものとしては、教員同様に、学生がその意義を理解していないことがあります。教員が、結果には必ず目を通すこと、その結果を踏まえて今後

の授業改善につなげることを、実施前に学生に伝えるようにしましょう。

　最後に、組織に起因するものです。あまりにも設問項目数が多かったり、実施頻度が高かったりする場合、教員・学生ともに、アンケートに対して不信感を抱くようになります。このような状況が続くと、大学が行うアンケート全般に対して、学生はいい加減な対応をとるようになります。今一度、アンケートの内容や実施頻度について見直してみる必要があります。

　次に、オンラインによるアンケートの回収率を上げる方法ですが、これは非常に難しいと言えます。紙からオンラインに切り替えた大学の多くは、回収率が減少しています。ある大学では7割程度だった回答率が2割程度にまで落ち込みました。紙の場合は教室で回収されるため、学生はアンケートに記入することになりますが、オンラインの場合は教室外での入力になりがちなため、学生は入力することを忘れてしまったり、面倒に感じてしまったりするのです。

　1つの方法は、授業時間内に、スマートフォンやタブレット端末で入力してもらうことです。入力のための時間を確保する必要がありますが、学生は携帯電話での入力作業には慣れているので、紙のアンケートほど時間をかけなくても大丈夫です。その際、携帯電話を持っていない学生には紙のアンケートを用意しておく必要があります。もう1つの方法は、次学期の授業登録にあたって、前学期のアンケートの回答を必要条件とすることです。回答しなければ授業登録ができないというペナルティを課すことで回答率は上がります。しかし、これは最後の手段です。紙であれオンラインであれ、学生が教員や後輩のためにアンケートに回答しようと思うような授業を教員がすることが、最善の解決策ではないでしょうか。

（佐藤浩章）

Q14　授業参観・授業検討会

教員相互による授業参観の効果的な方法はありますか。

A　相互の授業参観は、同僚性を基盤とした効果的なFDの1つの手法として広く行われています。文部科学省による全大学を対象にした調査によれば、「教員相互の授業参観」を実施していると回答したのは396大学（52%）で、「講演・シンポジウム」（519大学／68%）に次ぐ高い実施率を示しています（文部科学省高等教育局大学振興課大学改革推進室、2014）。一方で次のような声もよく聞かれます。①授業のどこを見ればいいかわからない、②専門分野が違うので見てもわからない、③対象の授業の選び方がわからない、④適切な実施時期がわからない、⑤実施しても見に来てくれる教員がいない、といったものです。これらの課題ごとに考えるべきことを以下に挙げます。

①または②に関してですが、多くの教員は授業の内容に着目します。そうなると専門以外の教員が見てもわからないということになります。少し見方を変えて授業の方法に注目してみましょう。授業担当者がどのような方法を用いているか、その時の学生の反応はどうか、どのような時に学生は積極的に学んでいるのかに着目すると、参観者は分野を越えて有益な情報を得ることができます。むしろ分野の異なる授業の方が新しい発見が得やすい場合も多いのです。

③については、全授業を対象にするのか一部の授業を対象にするのかを、まず考えます。前者の場合、機能すれば高い効果が得られますが、運用の仕方によっては形骸化を招く恐れがあります。後者の場合は、複数の選択肢があります。広く希望者を募る、新任教員に限定する、授業評価アンケートの結果に基づいて選出する、といった方法があります。

④については、学期中はいつでも公開する場合と、特定の時期に公開する場合とがあります。前者の最大の利点は、いつでも誰でも普段の授業を参観できることです。時間の調整もつきやすくなります。後者の場合、1回だけ実施するものから、FDウィークや授業公開月間のように特定の期間を設けて複数回実施するものがあります。

表10　授業観察の観点（科目全体）（新潟大学）

<講義形式>
1. 学習目標の達成度、目標に対する適正さ。
2. 学生に目標を伝えているか。学生の経験や知識（学生の現状）とリンクしているか。
3. 授業計画の構成（導入、運営、まとめと振り返り）は適切か。
4. 授業の進行（プレゼンの速度、タイミング、音声や視覚的な状態、資料等の提示）は適切か。
5. 学生とのコミュニケーションは十分か（双方向性、質問など）。
6. 教授学習プロセスにおける学生の参加、関与は十分か。

<少人数・グループ制>
1. 学習目標との関連性は適正か。
2. 教員、TAなど支援者と学生との相互関係はどうか。
3. 教員のファシリテーションスキル（学生参加、グループの運営、質問、傾聴、回答、批判的分析的な激励など）。
4. グループメンバー全員を巻き込んでいるか。
5. 学生への励ましがあるか。
6. 教育空間の使い方はどうか。
7. 形式化されたフィードバックは十分か。
8. 学習のまとめが適切か。
9. 学生自身の気づき、学びの支援、重視はされているか。

（新潟大学教育・学生支援機構大学教育機能開発センター、2014）

　最後に⑤についてですが、授業参観を実施する際に最も重要視するべきことは、参観することによって授業者・参観者双方にメリットがあることです。そのような授業参観を実施するために有効な2つの方法を紹介します。

　1つの方法は、授業参観時に見てほしいポイントを書き込めるようにしたコメントシートを事前に明示しておくことです。たとえば、長崎大学では、授業観察記録用紙を大学のウェブサイト上に公開していますが、そこにはアクティブラーニング手法や受講者の様子など、参観すべき項目が盛り込まれています。これによって、参観者は参観時の観点を絞り込むことで何を見ればよいのかが明確になります。授業担当者は授業実施後に記録用紙を受け取り、欲しい情報を得ることができ、双方にメリットがあるものになります。表10は、新潟大学の新任教員研修の中で行われている授業観察の際の観点です。

　もう1つは、参観後に授業担当者と参観者との間で意見交換を行う場を設けることです。組織的な授業公開を実施している大同大学では、授業公開が開催された直後に開催される授業研究会の場で、参観者が記入した研究授業レポートや学

生が回答した研究授業アンケートなどを持ち寄り、内容・方法両方の観点から授業について深く議論する場を設けています。また、そこでの内容を広報誌『授業批評』で公表しています。単に参観しただけで終わらせるのではなく、双方にとって深い学びの場になるように工夫がなされています。

(山田剛史・勝野（松本）喜以子)

Q15 　　　　　　　　　　　　　　　　　　　授業参観・授業検討会

FDにマイクロティーチングをどのように取り入れることができますか。

A 　教授技能を高める手法の1つに、マイクロティーチングがあります（近藤、2000）。マイクロティーチングとは、5分から15分程度の短い時間で、教師役が学生役を対象に模擬授業を行い、その批評や評価を受けて改善に取り組むことで、教授技能を習得する方法です。

マイクロティーチングは、1963年にスタンフォード大学で開発された手法です（Allen & Eve、1968）。当時は、5分間の模擬授業、10分間の評価と批評、15分間の休憩、5分間の再授業という構成で実施されていました。授業の「スナップショット」とも言われ、「何をどう教えるかの短い見本を示す」「同僚からのフィードバックを得る」「自己の授業技術を省みる安全な時間」「新しいことを試みることができる」などの特徴があります（Nyquist、2009）。現在では、世界中の教員養成や現職教員研修において活用されています。模擬授業の状況をビデオで録画し再生しながら改善点を検討するという方法も一般的になっています。

マイクロティーチングは、高校までの教員の養成・研修だけでなく大学のFDにおいても広く活用されています。ハーバード大学にあるデレック・ボック教授学習センターが提供するFDの1つは、マイクロティーチングです。6名の教員が教師役と学生役を順番に担い模擬授業を行いながら、教授技能を向上させていく方法です。参加者が希望すれば、センターのスタッフと共にビデオを視聴しながら議論することもできます。同大学のウェブサイトには、「マイクロティーチングは、短い時間で実施可能で、効果が実証され、かつ楽しい手法である」と記

されています。

　日本の大学でもマイクロティーチングを活用している事例が増えています。名古屋大学においては、英語による授業のワークショップや大学院生対象の大学教員準備プログラム等で活用されています。教員の採用の過程で応募者に模擬授業を課す大学もあるため、マイクロティーチングは大学院生向けの就職支援活動として位置づけることもできます。

　マイクロティーチングをFDに取り入れる際には留意すべき点もあります。他人の前で模擬授業をすることに抵抗を示す教員がいることが予想される場合、希望者のみの参加にしたり、十分にアイスブレイキングを取り入れたりするなど、教員の模擬授業に対する感情に配慮しながら進めていく必要があります。

（中井俊樹）

Q16　授業参観・授業検討会

小学校や中学校の教員は授業改善に関わる研修を日常的に実施していると聞きましたが、どのようなものですか。

A　日本の初等・中等教育機関では、校内研修、教育委員会の研修、民間の教育研究団体の研修など、さまざまな形で教員研修が行われています。それぞれの研修会の対象者、内容、方法、頻度、参加義務の有無等は異なっており、教員に対して多様な学びの機会が提供されていると言えるでしょう。

　研修方法に目を向けると、「授業研究」と呼ばれる事例研究が広く行われています（稲垣・佐藤、1996；秋田、2010）。教師の学習という観点から見ると、授業研究には3つの機能があります。①他者の授業行為や生徒の学習から学ぶ、②自分の授業行為を振り返る、③学校が志向する授業のあり方についてのイメージを同僚とともに共有する、というものです（秋田、2006）。授業研究は、授業者個人の職能開発手法であると同時に、同僚との語り合いにより授業への洞察を深めることから、教師集団の職能開発手法であるとも言えます。

　授業研究が背景とする学習理論や研究の方法はさまざまですが（秋田、2006；吉崎、1991）、①授業を計画し指導案を作成する、②授業を実施し公開する、③協働

表 11　授業検討会で語られる内容

A	他教師との感情や感想の共有	1	授業への印象、感情の語り
		2	他発言の受容、同意、復唱
B	授業内での出来事の関連づけ	3	授業での出来事や事実の発見と指摘
		4	授業内での出来事の関連づけ
C	他の授業実践と本授業実践の関連づけ	5	活動等を比較しこれまでの授業との関連づけ
		6	他教師の類似実践を想起し関連づけ
		7	他教師の類似経験との関連づけ
D	メタ的な高次視点からの意味生成	8	授業の価値を異なる表現で言い換える
		9	授業中の出来事からの抽象的概念や原則の抽出
		10	異なる視点、見解の提示
		11	出来事の価値の転換や再枠組み化
		12	教科、教材内容へのより広い文脈への位置づけ
		13	子どもの発達や視点についての語り
E	指導、カリキュラム、教材、学習環境の方法論的原則の語り	14	状況への対処法についての語り
		15	カリキュラムや一般的指導法についての語り

（秋田、2008）

で授業を検討する、④授業記録を作成するという流れが一般的です。

　授業後の検討会では、授業者を含む複数の視点から、観察した事実に基づいて授業の展開や子どもの姿が語られ、意味づけられていきます。たとえば、秋田（2008）は、授業検討会において表11に示すような幅広い内容が語られていたことを明らかにしています。

　初等・中等教育の教員の場合、職員室があり毎日顔を合わせている、学習指導要領に準拠した教育内容を教えているなど、教員間に共通の経験があることが、授業検討会における討議の深まりを支えています。

　大学にも「ピアレビュー」「授業公開」「相互参観」「授業検討会」などと呼ばれる相互研修型FDプログラムがあります（田中、2011）。初等・中等教育機関における「授業研究」を、高等教育機関に応用したものと言えるでしょう。同僚といっても教員が個別の研究室で業務を行い、教育内容が多様な大学教員の場合、授業への深い洞察を促すには、授業検討会の方法を工夫する必要があります。

（城間祥子）

Q17 授業コンサルテーション

授業コンサルテーションをどのように実施したらよいでしょうか。

A　授業コンサルテーションとは、FD担当者が「個別的、継続的に、クライアントである授業担当者に関与し、共同で授業に生起する問題の解決を目指す」（佐藤他、2011）、ミクロレベルのFDの手法の1つです。講演会やワークショップ等が集団を対象としたFDであるのに対して、授業コンサルテーションは個々の教員の問題解決を支援する個別的なFDだと言えます。

日本においても、いくつかの大学で授業コンサルテーションが導入されていますが、その実施方法はさまざまです。たとえば、愛媛大学と横浜国立大学では、MSF（Midterm Student Feedback）という手法を用いています。MSFでは、学期の中間期にコンサルタントが授業に入り、学生から「学習を促進させた教員の言動」や「学習を阻害した教員の言動」を聞き取ります。このデータを基にコンサルタントと教員が協働して授業改善を行っていきます（愛媛大学教育・学生支援機構教育企画室、2008；佐藤、2009；安野、2011）。MSFのバリエーションとして、学生から意見を聞き取る際に授業の改善策を受講生が討議する時間を設け、学生自身の授業への関わり方を変容させる試みも行なわれています（吉田・金西、2014）。

徳島大学では、授業研究会における学び合いを重視したコンサルテーションを行っています。コンサルタントが授業を分析した結果を、授業研究会の場でフィードバックし、同僚教員や上司とともに議論していきます（日置他、2014）。滋賀県立大学では、コンサルタントが授業を観察して、授業のよい点・改善すべき点を指摘する、指導型のコンサルテーションが行われています（倉茂、2009）。

このように、授業コンサルテーションの実施方法はそれぞれの大学の状況や目的によって多様ですが、①専門性を持ったコンサルタントが、②客観的なデータによって状況を分析し、③授業担当者自身による問題解決を支援するという点は共通していると言えるでしょう。

授業コンサルテーションの実施手順については、ナイキストとウルフが提案する5つのステップが参考になります（Nyquist & Wulff, 2001）。

①問題・課題・疑問の特定
　面談で、授業概要、学生の様子、教育履歴、授業について気になっている点を聞いていき、クライアントの抱えている問題・課題・疑問が何であるのかを特定します。
②データ収集
　シラバス、成績分布、授業アンケート、ビデオ、学生や同僚からのコメントなど、クライアントの状況にあわせて基礎データを収集します。授業観察をしたり、MSFで聞き取った学生の意見を使用することもあります。
③データ分析
　収集したデータをクライアントに渡す前に、コンサルタント側で整理・分析します。
④データ解釈
　分析データから、クラスで何が起こっているのかを把握します。コンサルタントは、教育学や教授法等の知識を利用して、クライアントがデータを読み取るのを支援します。
⑤データ変換
　データ解釈を基に、授業をどのように改善していくかを考えます。

　これから授業コンサルテーションを導入する大学では、コンサルテーションの目的と支援対象者を特定した上で、既存の方法をそれぞれの状況に合わせカスタマイズして実施するとよいでしょう。
(城間祥子)

Q18　授業コンサルテーション

授業コンサルテーションを行う上でFD担当者に求められる能力とはどのようなものですか。

A　授業コンサルテーションは、授業担当者とFD担当者、つまり異なる領域の専門家同士の共同作業です。FD担当者に十分な知識や技法が備

表12 授業コンサルタントに求められる能力

佐藤他 (2011)	傾聴力、コミュニケーション能力、基本的な教育方法の知識、授業担当経験、カリキュラム・教育目標の理解、改善に向けて共働しようとする熱意とスキル、信頼関係構築力、体系的な人間関係構築能力
田中他 (2010)	授業分析・授業観察、対話のコーディネーション、司会術、対象教員理解、他者理解、専門的知識や経験知の活用、データ分析、情報収集、機器操作、授業研究会の雰囲気づくり、対人コミュニケーション、議論内容把握、自己管理、授業説明・授業解説、データ表現

わっていれば、授業担当者の科目、職位、年齢、教育経験等に関わらず、コンサルテーションを行うことができます。

佐藤他(2011)は、授業コンサルテーションのコンサルタントに求められる能力として、傾聴力、コミュニケーション能力、基本的な教育方法の知識など、8つの能力を挙げています。また、田中他(2010)は、徳島大学の授業コンサルテーション(授業検討会型コンサルテーション)を対象にした調査から、コンサルタントに必要な15の能力を明らかにしています。

授業コンサルテーションの主な対象者は新任教員です(佐藤他、2011)。たとえば、徳島大学の授業コンサルテーションは、FD基礎プログラムに参加した新任教員を主な対象としています(香川他、2008)。愛媛大学のように新任教員に授業コンサルテーションの受講を義務化している例もあります(愛媛大学、2013)。新任教員といっても、大学院を修了して間もない、教育経験の少ない若手教員ばかりではありません。企業で長年勤めてから大学に転身した教員もおり、対象となる教員の年齢や経歴はさまざまです。さらに、教育経験の豊かなベテラン教員が、授業をもっとよくしたいとコンサルテーションを希望するケースも少なくありません。学部単位のFDとして、学部の全教員が授業コンサルテーションを受けた事例も報告されています(佐藤、2012)。

コンサルタントには、多様な専門や経歴を持つ授業担当者に寄り添い、どうすればよい授業になるのかを一緒に考えていく姿勢が求められます。知識のあるコンサルタントほど、授業担当者に「こうしたらいい」と助言したくなるかもしれません。しかし、授業に責任を持っているのは授業担当者であり、改善策を実施するかどうかは授業担当者自身が決めることです。このことは授業担当者が初任者であってもベテランであっても変わりません。コンサルタントの役割は、授業

担当者の決定を支援することです。 　　　　　　　　　　　　　（城間祥子）

Q19　授業コンサルテーション

教材を作成したいという教員にどのようなコンサルテーションができますか。

A　授業の教材には、授業中に投影するスライド資料、授業で配付するハンドアウト（プリント、レジュメ）、講義ノートを整理して出版する教科書、講義を録画し資料と同時に提示する映像教材等、さまざまなものがあります。このうち、FD 担当者に支援が求められるのは、教科書の作成や映像教材の作成場面でしょう。

　教材を作成する教育上の利点は、授業時間内の活用はもとより、授業時間外の学習を促す、自学自習を支援する、試験前の復習を容易にする、授業内で扱いきれない発展的な内容の学習機会を提供する、という点です。

　では、なぜ教員は教材を作成したがるのでしょうか。既存の教科書や論文とは何が異なるのでしょうか。さまざまな理由が考えられますが、最も多い理由は担当するクラスの学生に適した教材を提供したいからです。すなわち、カリキュラム上必要な内容を網羅し、学生の学習志向性や学習経験を踏まえた形で、知識の提供や課題・練習問題・作業の提示を行いたいのです。教員の存在意義とは、学習目標への到達のために、学生の状況に合わせた「オーダーメイド」の授業を準備することにあり、そのために個別の教材が必要なのです。オンライン授業を通して、誰でも一流大学の授業が受けられるという時代です。これからの大学教員にとって、独自の教材作成力は必須の能力になっていくでしょう。

　こうした教員に対して、FD 担当者は、インストラクショナルデザインという学問の知見に基づいて支援を行うことができます。具体的には教材の作成を行う前に「教育目標の特定」「学習者の特徴と科目間関連性の特定」を行います（ディック他、2004）。FD 担当者は、教材を作成する授業のカリキュラム上の位置づけと、学生の学習状況や生活状況の調査結果を把握し、教材に含める内容や活動を助言します。そのためにも、FD 担当者は学内の教育システムや教育関連デー

タに精通するよう日頃から努力が必要です。

　なお、米国の大学には、専門職としてインストラクショナル・デザイナーを配置する大学があり、教員に対して、教材の設計、マルチメディア化、著作権処理、講義ノートやスライド資料からの教材開発等の支援をしています。　　（中島英博）

Q20　　　　　　　　　　　　　　　　　　　　　　　　　　　　教授法

「優れた授業」はどのような特徴を持っているのでしょうか。

A　　世界的な教育の質保証への要請から、「優れた授業」や「効果的な教授法」の開発に対する関心が高まっています。アメリカでは、1980年代にチッカリングとガムソンによる教授法の理論とその実践手法に関する研究成果が『学士課程におけるよい授業実践の7つの原則』(Chickering & Gamson, 1987) にまとめられ、よりよい授業のための実践的なガイドラインとして多くの大学のFDに利用されています。

　この中で提唱されている7つの原則とは、以下のものです。

　①学生と教員が接することを奨励する
　②学生同士で協力して取り組む機会を増やす
　③学生を能動的に学習させる手法を使う
　④迅速なフィードバックを与える
　⑤学習に要する時間の重要性を強調する
　⑥学生に対する高い期待を伝える
　⑦多様な才能と学び方を尊重する

　この研究成果に基づけば、これら7つの原則をできるだけ多く兼ね備えた授業が優れた授業実践と言えるでしょう。

　日本では、上述の研究を基に、日本の大学においてよりよい授業を実現するための提案とアイデアをまとめたものとして、名古屋大学高等教育研究センターが

開発した『ティップス先生からの7つの提案』（教員向け、学生向け、大学組織向け）のシリーズがあります。その中では、「優れた授業を通して教育効果を高めるためには、学生・教員・大学組織の三者の努力が同じ方向に向かって統合されていく必要がある」ことも提唱されています。このことから、教員が優れた授業実践を行うべく努力することは勿論大切ですが、教員・学生・大学組織による自律的・継続的な改善活動と評価活動を基盤に、「よい授業」に対する共通認識を相互に積み重ねていくことも教育効果を高めるために重要と言えるでしょう。

（井上史子）

Q21　　　　　　　　　　　　　　　　　　　　　　　　　　　　　　教授法

多人数授業で効果的に教えるにはどうしたらよいでしょうか。

A 多人数授業の定義は大学によってまちまちです。100名を超える受講生がいれば多人数授業と呼ぶところもあれば、大規模私立大学では200名でも多人数と呼ばないところもあります。しかし概ね日本の大学では150名を超える授業においては、教員と受講生、あるいは受講生同士の相互作用（質疑応答や意見表明、議論）が困難になることが予想されます。その原因としては、教員が受講生の名前や出席を把握しづらいこと、グループ活動がしやすい可動式の大きな教室が確保しづらいことなどが挙げられます。また、受講生同士も互いに遠慮し、発言がしづらくなることが報告されています。

　必ずしもすべての授業において教員と受講生、あるいは受講生同士の相互作用が必要なわけではありません。静かに講義を聞く授業の方が望ましいという学生の意見もあります。しかし、昨今、知識伝達型の講義よりは、学習への能動的な参加によって、自らの考えを深め、省察を進めるアクティブラーニング型の教育技法が推奨されています。大規模の私立大学では、多人数の授業においてもアクティブラーニングを促す工夫が求められます。

　たとえば、最近では学生がスマートフォンを持っているケースがほとんどです。学内にLMS（Learning Management System）が整備されていて、スマートフ

ォンからのアクセスが可能な場合には、アンケートや掲示板の機能を使い、それらをスクリーンに投影して、授業中に受講生の意見を聞くことが可能です。クリッカーを持ち込まずとも、スマートフォンを活用することで双方向の授業が実現できます。その際、重要なことは、どこで説明を行い、どこで受講生の反応を調べ、どこで受講生の個人作業を進め、どこで全体の意見を聞き、どこでまとめを行うべきかを授業設計段階で決めておく必要があるということです。つまり、単にLMSを活用すればよいということではなく、今まで以上に綿密な授業準備と教育技術が求められるのです。

　一方、多くの教員が多人数授業で最も困っているのは、学生の私語や遅刻・早退、居眠りなどの問題でしょう。これには、オリエンテーションで授業のルールをしっかり説明し、最初に問題が起きた際に、毅然と対応することが最も効果的です。しかし肝心なことは、授業の中身であることは、言うまでもありません。受講生を飽きさせず、知的好奇心をかきたてるような授業をする必要があります。授業中に板書だけではなく、ビデオ視聴や実演などさまざまな要素を組み合わせる工夫や、学生に作業をさせる時間を設けるなどメリハリのある授業設計も重要です。さらに学生にとって聞きやすい話し方をし、質問をしやすい雰囲気を醸し出すことも重要です。これらは一朝一夕に身につくものではありません。学内で授業の達人と言われる教員の授業を参観したり、各種研修に参加したりすることがコツをつかむ近道です。　　　　　　　　　　　　　　　　　　（沖裕貴）

Q22　　　　　　　　　　　　　　　　　　　　　　　　　　　　教授法

アクティブラーニングという言葉をよく聞きますが、どのような方法があるのでしょうか。

A　アクティブラーニングの定義は国際的にも一般化はされていません（溝上、2014）。しかし、教員が一方的に知識を伝達する講義中心の教育と、それに伴う受動的学習に対する批判から生まれた言葉であり、学生が自ら思考し能動的に学ぶことを促す教育・学習方法の総称であるとされています。その成果として、認知的側面だけではなく、情意面、技能面における成長も促すこと

が可能であるとされています (Bonwell & Eison、1991 ; Fink、2003 ; Smith & Cardaciotto、2011 ; 中央教育審議会、2012 a)。

　アクティブラーニングには、講義型授業で取り入れやすいものと、演習型授業で取り入れやすいものがあります。

　教員の話が中心となる講義型授業においては主に認知的側面の成長が期待されています。アクティブラーニングを促す教育技法としては、「宿題（レポート等）」「発問・クリッカー活用」「小テスト」「各種コミュニケーション・ツール活用（ミニッツペーパー、大福帳、何でも帳等）」「ピア・ティーチング」「ディスカッション」「プレゼンテーション」等があります。昨今では、講義の代わりに授業前に映像教材を視聴させ、実際の授業ではディスカッション等を中心とするという、「反転授業」も注目されています。これにより、学生に内容を理解させるだけではなく、正解のない問いに対して自ら考えさせ、より高次な思考を促すことができます。重要なことは双方向性を担保することであり、学生の発言や提出物に対して教員がフィードバックすること、あるいは学生同士で振り返りをさせることです。

　学生の活動が中心となる演習型授業では、多様な側面における学生の成長が期待されており、多くは共同学習を中心に進められます。共同学習には「協調学習」や「協同学習」が含まれます（関田・安永、2005）。他にも「PBL (Project／Problem Based Learning)」「TBL (Team Based Learning)」「シミュレーション」「ロールプレイ」「ケーススタディ」「フィールドワーク」「サービスラーニング」「インターンシップ」「留学」「実験」「実習・実技」「体験学習」等、多様な方法があります。これらの方法を、学生にとって単なる活動ではなく、意味のある学習活動とするためには、学習目標を明示し、フィードバックや振り返りを通じてくり返し評価することが必要です。

　アクティブラーニングは講義そのものを否定するものではありません（溝上、2014）。学習目標の達成のために、講義とそれ以外の教授法をうまく組み合わせて用いること、それによって学習効果を高めていくことがアクティブラーニングの真意です。

　また、アクティブラーニングを促す教育技法は多様であり、教員のニーズや科目の特性、学生の特徴にあった方法を用いることが重要です（中井編、2015）。たとえば、大量の知識の理解と記憶が求められる講義型の多人数授業と、技能の修

得が求められる演習型の少人数授業とでは、用いる手法も異なります。

(西野毅朗)

Q23　教授法

アクティブラーニングを促す教育技法を学内に普及させるにはどうしたらよいでしょうか。

A　アクティブラーニングを促す教育技法を学内全体に広く普及させていく方法を、以下に3つ紹介します。

　1つ目は、実践事例を知る機会を設けることです。公開授業、模擬授業、研修会を企画し、アクティブラーニングの技法を活用する他の教員の実践を見たり、アクティブラーニングを実体験したりする機会を設けます。アクティブラーニングを体験することで、自分にもできそうだ、やってみたいと思わせることがポイントです。また授業実施に熱心な教員を中心にした、アクティブラーニング研究会を組織化することも有効です。これらの方法を成功させるには、継続的に何度も開催することが重要です。新しい教授法に敏感な教員に働きかけ、口コミなどを活用しながら草の根的に参加者を増やしていきます。最初は参加するだけだった教員にも報告者になってもらうことで、より参加度を高めることもできるでしょう。成功事例だけではなく、失敗事例も話してもらうよう促すことで、報告のハードルを下げることができます。

　2つ目は、支援体制を整えることです。アクティブラーニングを推進するためには、ハード面、ソフト面での支援が必要です。ハード面で特に注視したいのが施設環境と経済的支援です。授業中や授業後に議論がしやすい教室環境やラーニング・コモンズが整備されれば、教員も学生も手軽にアクティブラーニングを取り入れることができます（山内編、2010）。フィールドワーク等、経費がかかる方法の場合、教員・学生個人に経済的負担が過度にかからない制度をつくることも重要です。ソフト面ではTA（ティーチング・アシスタント）やSA（ステューデント・アシスタント）を雇用・育成し、学生のアクティブラーニングを支援する役割を担ってもらうことができます。これにより、教員の負担を減らすことが

できます(山地・川越、2012)。また汎用性の高い教材や教具を開発し、教員に使ってもらう方法もあります。

3つ目は、成果を示すことです。学内の何割程度の教員が、アクティブラーニングの手法をどの程度用いているのか、また学生がどのように受けとめているのかを、アンケートやインタビューを通じて明らかにします。こうした調査を通じて明らかになった、アクティブラーニングの導入効果を学内外で公開することで、普及につなげることができます。そして、アクティブラーニングを促す教育技法の普及に組織的に取り組めば、教育系外部資金の獲得に申請しやすくなります。資金が得られれば、必然的に成果を示す必要がありますので、さらにこうした動きを加速させることにもなります。　　　　　　　　　　　　　　　(西野毅朗)

Q24　　　　　　　　　　　　　　　　　　　　　　　　　　　教授法

学生はアクティブラーニングを好んでいないのではないでしょうか。

A　すべての学生がアクティブラーニングを歓迎しているわけではありません。むしろ、多くの学生がアクティブラーニングに対して不安を持っていると考えた方がよいでしょう。

全国の大学生を対象とした調査では、「教員が知識・技術を教える講義形式の授業が多いほうがよい」と回答した学生は83.3%で、「学生が自分で調べて発表する演習形式の授業が多いほうがよい」と回答した16.7%の学生より大きく上回っています(ベネッセ教育研究開発センター、2013)。選択科目の授業であれば、アクティブラーニングの機会が多くあるということを知った時点で別の授業を履修登録する学生もいるかもしれません。

個々の学習者には、好みの学習スタイルがあると言われています。アクティブラーニング型の授業が好きな学生もいますが、講義型の授業が好きな学生もいます。後者の学生は、アクティブラーニングによる学習を時間の無駄ととらえ、体系化された情報を効率的に伝達してほしいと考えるかもしれません。また、他者とのコミュニケーションが苦手な学生はグループ学習を伴うアクティブラーニン

グに対して不安を持つでしょう。

　もう1つ教員が理解しておくべきことは、楽をして卒業したいと考える学生の存在です。上述の調査からは、「あまり興味がなくても、単位を楽にとれる授業がよい」と回答した学生は54.8％で、「単位をとるのが難しくても、自分の興味のある授業がよい」と回答した45.2％の学生より多いことがわかっています（ベネッセ教育研究開発センター、2013）。楽をして卒業したいと考える学生も、アクティブラーニング型の授業を負荷の高い授業と捉え敬遠するでしょう。

　一方、学生はアクティブラーニングの必要性については理解しているようです。別の調査からは、授業中に自分の意見や考えを述べたり、グループワークに参加したり、提出物に適切なコメントが付されて返却されたりすることを増やすべきであると学生が考えていることも読み取れます（東京大学大学院教育学研究科大学経営・政策研究センター、2007）。

　アクティブラーニングから逃避したり、不安を持ったりする学生は存在するものの、アクティブラーニングの必要性を理解している学生もいます。一部の学生が歓迎していなくても、教育・学習効果の観点から、アクティブラーニングが必要であれば、その意義を理解させ少しずつ学生に慣れさせていくことが求められています。

(中井俊樹)

Q25　教授法

教える内容が多いのでアクティブラーニングが取り入れられないという教員の意見にどのように対応したらよいでしょうか。

A　アクティブラーニングの課題の1つは、網羅できる学習内容の量が低下するという点です（中井編、2015）。アクティブラーニングは学生の活動に時間を要します。授業中の学生の活動時間が増加すれば、教員が説明する時間は減少します。

　この問題は、改めて学習目標を見直すことから考え直す必要があります。本当に幅広く学習内容を網羅して学ぶことが重要なのかを検討してみましょう。大量の学習内容を学生が記憶したとしても、定期試験が終了して1週間も経過すれば

大部分を忘却してしまうかもしれません。あるいは卒業試験や国家試験が終了して社会に出ても同じことが起きてしまうかもしれません。

　幅広く学習内容を網羅して学ぶのではなく、授業の本質的な内容を深く学ぶことが重要であるという考え方もあります。ウィギンズとマクタイは、「本質的な問い」を中心に学習内容を絞り込むことを提案しています（ウィギンズ・マクタイ、2012）。「本質的な問い」とは、学問における核となる概念と探究を示すものであり、人生を通して何度も起こる重要なものだとされます。「本質的な問い」を中心に内容を絞ることで、学生の永続的な理解を促進することができます。

　また、アクティブラーニングを導入しても学習内容の量が低下しないように、授業時間外の学習を有効に活用する例も見られます。授業時間外に予習として知識を習得させ、教室内ではアクティブラーニングによって予習した知識を活用させるといった方法です。特に近年ではeラーニングを活用して、授業時間外に知識を効果的に提供することが容易になりました。　　　　　　　　　（中井俊樹）

Q26　教授法

理工系科目でアクティブラーニングの導入は可能なのでしょうか。

A　アクティブラーニングには「高次のアクティブラーニング」と「一般的アクティブラーニング」があります（河合塾編、2013）。理工系学部では既に多くの実験・実習等や、学びの集大成としての卒業研究が存在し、「高次のアクティブラーニング」が実践されています。理工系科目でアクティブラーニングをより増やすことが求められるのは、講義科目での「一般的アクティブラーニング」でしょう。

　理工系の学問は積み上げ式に学ぶ場合が多く、その知識は体系化がなされ、教授法も確立されています。それゆえ、理論を伝えることが講義科目の目的であると考えている教員も多いのが事実です。しかし、学生が何を学んだかを重視する場合、到達目標は何か、適切な評価方法は何か、それらに対応する授業方法・ツール・授業外学習課題は何かを考える過程で、アクティブラーニングを取り入れ

た方がよい場面も出てくるはずです。より効果が上がると考えられるものから優先的に、少しずつ取り入れていくことが望ましいでしょう。たとえば、反転学習の実践は、むしろ理工系科目においてよく見られます。とりわけ低学年向けの基礎的な内容の授業で効果が上がっているようです。国内外での先進事例を探してみましょう。

　さらに言えば、アクティブラーニングの導入を授業設計の課題としてのみ考えるのではなく、カリキュラムの課題として考えることも必要です。「高次のアクティブラーニング」に関わる卒業時の到達目標を実現するために、実験・実習と講義を段階的・継続的に配置するカリキュラムの設計が必要です。組織的にカリキュラムを設計し、学びの質保証をしている学科ほど、「高次のアクティブラーニング」の設計・導入が進んでいるという調査結果もあります（河合塾編、2014）。

（榊原暢久）

Q27　教授法

PBLを推進するためのFDをどのように実施したらよいでしょうか。

A　PBL（Problem/Project-Based Learning）は、学生の主体的な学習を促す教授法として近年大きな注目を浴びています。2013年の調査では、PBLを組織的に取り入れている学科は回答のあった2,376学科のうち約3割となっており、学科系統別では特に医・歯・薬・保健系学科が約5割と高くなっています（ベネッセ教育総合研究所、2013）。PBLを組織的に取り入れる学科は今後も増えていくことが予想されます。

　では、PBLをテーマにした研修はどのように実施したらよいのでしょうか。まず確認しておきたいのはPBLにはProblem-Based LearningとProject-Based Learningの2種類があるという点です。どちらもPBLと略されるため混同されがちですが、Problem-Based Leaningは与えられた事例から問題を発見し、その解決策を探求していく教授法です。事例は一般にシナリオなどの文章形式で与えられます。医・歯・薬・看護学等の分野ではPBLチュートリアルと呼ばれるこ

表13 PBL (Problem-Based Leaning) の流れの例

段階	目的	ステップ	内容	方法
コアタイム1	状況認識	ステップ1	シナリオを読む	分担して音読することにより、全員が確実にシナリオを読む。
		ステップ2	シナリオからキーワードを抽出する	重要な言葉、難解な言葉などシナリオを読み解くためのキーワードを出来るだけ多く挙げる。
	問題発見	ステップ3	問題を挙げる	キーワードを手掛かりとしながら、シナリオに含まれる問題(疑問や関心の対象)を提示する。
		ステップ4	問題の位置付けを示す	ステップ3で挙げた問題の位置づけを「プロブレムマップ」上に示す。
		ステップ5	学習の計画をたてる	プロブレムマップを参照しながら、問題に対する答えを得るためにグループとして取り組むべき学習項目を決め、学習方法を話し合い、各項目のサマリー担当者を決める。
個別学習	課題探究	ステップ6	個別学習	すべての学習項目について全員が学習するとともに、担当する学習項目について学習成果のサマリーを作成する。
コアタイム2		ステップ7	学習成果を共有する	各自がサマリーを提示、説明し、疑問点を出し合いながら個別学習の成果を共有する。学習成果が、提起された問題に対応したものであるか確認する。
	まとめ	ステップ8	学習成果を整理し、発表の準備をする	シナリオおよびプロブレムマップに沿ってグループの学習成果をまとめ、発表の準備をする。
発表		成果発表会	成果発表を行う	グループの学習成果を発表し、質疑応答を行う。

出典:吉田他(2013)

とも多く、患者の症例が事例に用いられます。

一方、Project-Based Learningはプロジェクトを学生の自律的主体的な学びに活かしていく教授法であり、チームでプロジェクトに取り組み、その成果を発信していくものです。地域社会や企業と連携しながら行われることが多いのも特徴です。単位認定をするかしないかは大学によって異なります。

ここでは、前者のProblem-Based Learningに関する研修の実施例を紹介しましょう。広島大学では教養教育の教養ゼミ(1セメスター、必修)にPBLを取

り入れることを推奨しています（吉田他、2013）。具体的な PBL の流れは 表13 のとおりです。実際の授業には、コアタイム1、コアタイム2、発表の3回の PBL が必要となります。PBL に関する FD としては、初めて授業を担当する教員向けに PBL ガイドブックやシナリオなどの教材を開発し、学生の立場で実際に PBL を体験してもらうワークショップを開催しています。このようなワークショップ形式の研修は、講演形式の研修よりも理解しやすいと好評です。

（吉田香奈）

Q28　　　　　　　　　　　　　　　　　　　　　　　　　　教授法

クリティカルシンキング能力の育成をテーマにしたFDをどのように実施したらよいでしょうか。

A　クリティカルシンキングについては、学士力の構成要素であるジェネリック・スキル（汎用的技能）の1つとして、大学教育における育成の意義が主張されています（楠見他、2011）。これに伴い、哲学、心理学、看護学といったこれまでクリティカルシンキング教育を行ってきた学問分野だけではなく、幅広い学問領域において、クリティカルシンキングを学習目標の1つとする授業が展開されるようになってきました。これをさらに展開するためには、一部の教員だけでなく、大学で授業を担当するすべての教員が、クリティカルシンキングに関する理論的知識とそれを自分の授業をとおして教授するための実践的な技法とを有している必要があります。しかしながら、クリティカルシンキングの定義ですら、教員間で共通理解があるわけではありません。

　クリティカルシンキングに関する研修を企画する際のポイントとして、次の二点を挙げます。

　第1のポイントは、クリティカルシンキングを狭い意味で捉えるのではなく、汎用的能力として広い意味で捉えることです。その定義としては、教育哲学者のエニスによる「何を信じたり、何を行ったりすべきかを決定することに焦点をあてた合理的で反省的な思考」（Ennis, 1987）が参考になります。エニスは、この定義に基づき、クリティカルシンキングを構成する能力と傾向性（態度）のリスト

も示しています。これらを参照しつつ、どの能力や傾向性に焦点をおいて研修を行うのかを最初に決めるとよいでしょう。なお、カリキュラム上の学習目標としてクリティカルシンキングを記述したものとして、全米カレッジ・大学協会（Association of American Colleges & Universities）による VALUE Rubric（バリュールーブリック）があるので、参照するとよいでしょう。

　第2のポイントは、さまざまな専門分野の教員が自分の担当する授業においてクリティカルシンキングを学習目標の1つとして考える機会を設けることです。当該科目の学習内容において到達可能な目標を設定し、それと対応する教授法や評価法を考え、授業を再構築します。学問領域の異なる教員同士で、作成したシラバスを説明し合う時間を設けることで、クリティカルシンキングの育成を多面的に考えるよう促すことも大切です。　　　　　　　　　　　　　（久保田祐歌）

Q29　　　　　　　　　　　　　　　　　　　　　　　　　　　　教授法

反転授業を自分の授業で取り入れてみたいという教員に対して、どのように説明したらよいでしょうか。

A 　反転授業（Fipped Classroom）とは、「説明型の講義など基本的な学習を宿題として授業前に行い、個別指導やプロジェクト学習など、知識の定着や応用力の育成に必要な学習を授業中に行う教育方法（山内・大浦、2014）」です。従来の授業において学生は、授業内に講義によって知識を習得し、授業外に復習に取り組むという形式で、学習を進めてきました。一方、反転授業では、まず授業外で動画等を用いて知識を習得し、授業内は、その知識を活用して、グループ作業やディスカッションを進めます。つまり、反転授業とは、従来の授業内と授業外の学習を反転させることによって、学生の学習プロセスを大きく変化させて、教育効果を高めることを狙いとしています。

　大学において近年、反転授業が注目されている理由は、いくつかあります。1つ目は、大学の授業において「何を教えるか」だけではなく、「学生が何を学ぶか」ということに焦点が当てられるようになったことから、授業においてアクティブラーニングが求められるようになりました。2つ目に、わが国の大学生の学

習時間は、平均1日4.6時間（授業や実験含む）（金子、2011）と、先進国の中でも極めて短いという結果が明らかになりました。反転授業には、学生の授業外での学習時間が増える仕組みがあります。そして3つ目に、近年のICTの発展により、場所を問わずに動画視聴ができるなど、授業外でも質の高いコンテンツを学習できる環境が整備されたことも、普及加速の要因となっています。

　では、反転授業をどのように設計すればよいでしょうか。多くの授業では、教員が事前に従来の講義にあたる部分をビデオ教材として作成し、学生に提供します。ここには、パワーポイント等で作成した授業スライド、音声、また教員の姿が録画されます。最近の多くのパソコンには、ビデオカメラ機能が装備されているので、機材の準備は以前に比べると容易になりました。ただし、重要なのは、授業内と授業外の学習を関連づけて設計することです。単に内容を反転するのみにとどまるのであれば、授業内のグループディスカッションがおしゃべりの場に陥る恐れがあります。学習目標と学生の学習過程を意識した上で、注意深く設計する必要があります。

　たとえば、一般的に文系で多く見られる、回答が1つではない問いを探究するような授業の場合、授業外で個別に知識を学び、授業内で各自の考察をグループで共有することで、学生は多角的な見方を獲得し、自身の洞察をさらに深めることができるでしょう。一方で、理系で多く見られる、回答が1つしかない問いを解くような授業の場合、授業外で個別に知識を学び、授業内では、理解を深め定着させることを目的として、多様な演習問題を解かせて学生同士で教え合いをしたり、教員に質問したりする機会を設けることができるでしょう。

　また、反転授業では、授業内のグループ学習や質問をとおして、学生同士や教員とのインタラクションが発生することから、コミュニケーション能力やチームワークといった、社会で求められている汎用的技能を育成することができます。そうした能力の育成も授業の到達目標に含めるとよいでしょう。

　反転授業は以上のような特徴があることから、教室における教員の役割を従来のものとは異なるものにします。従来の授業における教員は、「知識の伝達者」としての役割がメインでしたが、反転授業における教員は、学生の「学習デザイナー」であると共に、「ファシリテーター」としての役割が大きくなるでしょう。

（大山牧子）

Q30 教授法

LMS（学習管理システム）を利用する教員を増やしたいのですが、何から始めたらよいでしょうか。

A LMS（Learning Management System）とは、eラーニングの実施に必要な、学習教材の配信や成績などを統合して管理するシステムのことです。国内外の複数の企業や大学が開発しています。システムは単独では機能しないので、選択にあたっては、自大学の教育システム全体の中で、LMSがどのような役割を担うのか、既存の他のシステムとどのように関連づけるか、といったことを考える必要があります。

学内で普及させるにあたってのポイントは、新任教員を対象にその機能を説明することです。岩手大学では「アイアシスタント」という自主開発のLMSを使用しています。LMSには多数の機能がありますが、新規採用教員研修では、教員への支援活動（研修や教材の提供）を中心に、その機能を説明しています。教員の利用状況は全体では40％弱ですが、新規採用教員研修受講者に限ると約70％です（江本、2015）。新任教員研修時に説明をすることがいかに効果的であるかがわかります。

この際、LMSの「使い方」を説明することも必要ですが、設計思想や教育システム全体の中での位置づけを伝えることが重要です。たとえば、前述した「アイアシスタント」は、教育改善を目的としたシステムであるため、一般的なLMSとは使い勝手が違うところがあります。そのため、学内では「使いにくい」という声もありますが、「なぜこのような仕様になっているのか」「この仕組みを用いることで何が得られるのか」を丁寧に説明した上で、実際の使い方を説明すると、理解を得やすくなります。 　　　　　　　　　　　　　　　（江本理恵）

Q31

教授法

授業を改善するための道具にはどのようなものがあるでしょうか。

A　授業の中で使われる道具には、さまざまなものがあります（図3）。学習内容と結びついた道具は、「教具」「教材／学習材」と呼ばれ、教育学の中で古くから研究されてきました。また、黒板とチョーク、電子黒板のように、どのような内容の授業にも使える道具には、教員から学習者に情報を伝える「教育メディア」として発達してきたものが多く含まれます。さらには、日常生活で使っているちょっとしたモノを教室に持ち込み、授業の小道具として使うこともできます（日本高等教育開発協会、2013）。

　たとえば、グループワークをする時に、トーキング・オブジェクト（それを持っている人が話し、持っていない人は傾聴するということを示すモノ）としてボールやトンガリ帽子を用いたり、グループを決める際に、トランプやサイコロを

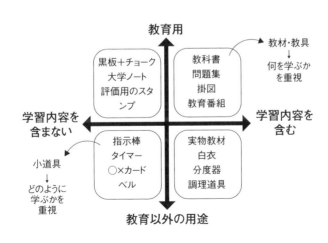

図3　授業で使われるさまざまな道具

使ったりすることがあります。学生の参加を促すために、○×カードやミニホワイトボードを使って意思表示をさせたり、スクラッチカードを用いることでクイズのように親しみやすく考えさせたりすることができます。こうした道具は100円ショップ、玩具店、大手文房具店で入手できます。身近なモノでも、使い方次第では、授業を改善する「てこ」となるのです（中井、2009）。

そのほかICTの活用も、学生の授業への参加を促す上で効果的です。LMSやクリッカーなど教育用に開発されたツールはもちろん、メールや掲示板などの汎用的なツールも、上手に活用すれば授業を改善する大きな力になります（名古屋大学高等教育センター・情報教育メディアセンター、2006）。教育以外の目的で開発されたスマートフォンやタブレット用のアプリケーションを授業で活用している実践例もあります（岩居、2013）。

学生に知識やスキルを身につけさせるためには、従来の講義中心の教授法だけでなくアクティブラーニングの手法を取り入れたり、学生の学びを促す学習環境を用意したりすることが重要です。さまざまな道具は、学習環境を構成する重要な要素となります。

(城間祥子)

Q32 教授法

ティーム・ティーチングをうまく行うにはどうしたらよいでしょうか。

A ティーム・ティーチング（以下、TT）とは、複数の教員が役割を分担し、協力して指導を行う教授法です。主に初等・中等教育で実施されてきましたが、高等教育においても長らく実施されています。たとえば、オムニバス形式の授業や実験・実習指導では、複数の教員が教えることがあります。またTAが入った授業もTTの一種と言えます。最近では、PBLなど複雑な課題のグループワークを進める際に、TTが行われることもあります。

最近の小学校における実証的な研究によれば、TTよりも少人数教育の方が教育効果が高いといった結果が出ており、TTを行ったからといって生徒の学力や学習意欲が伸びたという結果は出ていません。とは言え、生徒にとっては「クラ

スの雰囲気がよくなる（1人の教員と合わなくても他の教員に聞くことができる）」、教員にとっては「他の教員の授業を身近に見学でき、指導法を学ぶまたとない機会である」、また、学校にとっては「孤立しがちな教員たちの間に協同を引き出し、教員を学校のチームの一員とさせるという学校運営の側面で有益である」ことが指摘されています。つまり、TTは学習指導よりも生徒指導や学校・学級経営という点で有益であることが明らかになっています（山崎編、2014）。

一方、TTを実施する上での課題としては、①時間がかかる、②教員間の教育観・指導観が合わない、③組織としての意思統一がない、④教員間の人間関係がよくない、等が指摘されています（中尾、2011）。TTをうまく行うには、これらの課題を乗り越えることがポイントとなります。

①時間がかかる、というのは、授業計画の立案にかかる時間のことです。まずは、主担当教員が原案をつくり、その他の教員が意見を出しながら修正していくと、効率的に時間を使うことができるでしょう。

②教員間の教育観・指導観が合わない、というのは、世代の差や専門分野の違い、あるいは教育に対する信念の違いがある場合に生じることが予想されます。しかしながら、そうした違いこそが、TTの醍醐味でもあります。差異を尊重しながら歩み寄れる点を探し、新しい教育観・指導観をつくりあげていくとよいでしょう。

③組織の意思統一に欠ける、というのは、TTが個人的な取り組みにとどまり、組織的に展開しないということでしょう。まずは取り組みを積み重ね、成果を挙げることが重要です。そうした成果を根拠にして、TTの必要性を管理職層にアピールしましょう。管理職にTTの様子を見てもらい、その様子を知ってもらうとよいでしょう。しかし、これらの取り組みも、担当教員間に良好な人間関係がなければ継続できません。

④教員間の人間関係がよくない場合、授業の話題以外でも、教員同士が話す機会を増やすことが肝要です。たとえば、TT担当者で食事会を開催するなど、インフォーマルな場面での人間関係づくりが有効です。つまり、これまで多くの研究者が指摘してきたことですが、TTの成功は、教員たちがいかに協力し合えるかという人間関係にかかっているのです。

（小島佐恵子）

Q33

教授法

シラバスを書く意義を理解してくれない教員に対して、どのように対応したらよいでしょうか。

A 　教員にシラバスを書く意義を理解してもらうには、以下の2つの意義を説明するとよいでしょう。1つ目は、学生へのシラバスの提示と社会への周知は大学設置基準で定められており、大学が義務として行わなければならないということです。2つ目は、シラバスを作成することは学生の学習支援につながることです。

　1つ目の意義については、大学設置基準を根拠に、管理職等の指示で教員に作成を依頼することになりますが、それに加えて、シラバスの公開が求められるようになった社会的背景を説明することも効果的でしょう。

　たとえば、昨今は各種外部評価においても、シラバスは評価対象となっています。そのためにも、教員同士で、教えている内容、教科書・教材、課題や評価方法を確認することが必要です。教授会や研修の場で、教員がシラバスを相互にチェックしたり、他大学のシラバスと比較する機会をつくったりすることで、その意義を理解してもらうこともできるでしょう。

　また、ウェブサイトを通じて情報公開が原則となった今日では、充実したシラバスは受験生の募集に直結します。たとえば、高校の中には総合的な学習やオープンキャンパスに参加するための課題として、志望大学のシラバスを調べ、将来どのようなことを学びたいかをまとめさせている学校もあります。大学の「商品カタログ」としてのシラバスを充実させることは、入学希望者に入学後の学習を想起させることにつながり、優れた大学準備教育として機能します。

　2つ目の意義については、シラバスには、①学生との重要な約束事を明確に伝達する、②授業の準備や成績評価を効率化する、③授業時間外の学習を促進するという役割があることを伝えます（池田他、2001）。シラバスに、過去の試験問題や模範レポートの例、それらの成果物の評価基準を示したルーブリック等を掲載することで、学生は授業終了時の目標を具体的に理解でき、学習への動機づけを高めることができます。また、シラバスを通して教員のメッセージがきちんと伝

わると、遅刻や欠席が減る、多人数講義でも私語が減る、教員に対する安心感や信頼感を持てる、等の副次的な効果もあります。

　シラバスの意義は理解できるが、効果的に書くポイントがわからないという場合は、優れた例をできるだけ多く示すとともに、執筆要領を作成して示しましょう。「シラバス×書き方」というキーワードを入力してウェブサイトで検索すれば、多くの大学の執筆要領を見つけることができます。また、シラバスの書き方について書かれた書籍も出版されています（佐藤編、2010）。これらを参考にして、自大学にあった執筆要領を作成するとよいでしょう。　　　　　　　　　（中島英博）

Q34　　　　　　　　　　　　　　　　　　　　　　　　　　　　　　　研究指導

研究指導において注意すべき点はどのようなことでしょうか。

A　学生が学位論文を書き上げていく過程においては、指導教員がマンツーマンで指導する場面が多くなりがちです。研究指導は授業に比べてより密室化しやすいと言えます。よって、学生との適切な距離感をつかむことが重要です。教員は自身の研究指導のスタイルを学生にあらかじめ説明すると同時に、個々の学生がどのような指導や助言を望んでいるかを確認しておきましょう。完全な自由放任では学生は途方に暮れてしまうかもしれず、他方、学生に過度に介入しすぎると過干渉やハラスメントと受け取られかねません。

　研究指導における最初の課題は、学生の研究テーマ選びです。学生が取り組みたいテーマの実現可能性およびその学問的・社会的意義について、指導教員はさまざまな角度から検証することが求められます。学生は経験不足から、自分の研究課題にどれほどの時間や知識、スキルが必要とされるかを把握できないことが少なくありません。

　授業と研究指導には明確な違いがあります。授業では担当教員が学習目標を定めます。どのような教科書、教授法、成績評価基準を用いるかは、教員が定めた学習目標に基づきます。これに対して、研究指導においてテーマや研究方法を設定するのは基本的には学生であり、指導教員はこれを側面から支援する役割を担

っています。研究指導は教員と学生相互の個性に依存する要素が大きく、ノウハウを一般化・共有化しにくいという特性があります。

　学生は専門知識のトリビアをたくさん詰め込んだ学位論文をよい論文だと勘違いすることがあります。指導教員はそれが誤解であることを伝えなければなりません。学位論文の本質は説得力のある論理展開を構築する点にあります。すなわち、適切なリサーチクエスチョンに基づいて仮説を立て、これを適切な方法で論証し、一定の結果を導き、結果から得られた示唆を結論としてまとめることが求められます。学生がさまざまなトリビアやバイアスにとらわれることなく、しっかりとした論理の骨格をつくることができるように、指導教員は大所高所から指導・助言をする必要があります。

　かつての小講座制度では、学生が指導教員から研究とは関係がない業務を割り当てられたり、不本意な研究テーマや進路を強要されたりしたこともあったようです。学生時代にそうした環境で育った経験を持つ大学教員は、学生が研究室の無償労働力ではなく、適切に指導・支援すべき対象であることを留意しておかなければなりません。
　　　　　　　　　　　　　　　　　　　　　　　　　　　　　　（近田政博）

Q35　研究指導

大学院教育に関するFDをどのように進めたらよいでしょうか。

A　大学院教育に関するFDの実施状況について聞いてみると、「講演会を学部FDと合同で行った」「授業アンケートを学部と同様に行っている」と答える大学も多く、大学院教育に焦点を絞ったFDの実施に苦労しているようです。

　大学院教育に関するFDを実施する際には、大学院に固有の課題に注目することから始めましょう。まずは、大学院教育を担当する教員へのヒアリングを行い、研究指導の成功談や失敗談を収集することから始めるとよいでしょう。収集された失敗談は、大学院FDにおける事例教材になる可能性もあります。

　また、大学院の授業は少人数であるため、学部教育と同様の授業アンケートを

行いにくいという意見も多く聞かれます。いくつかの大学では、フォーカス・グループ・インタビュー（ヴォーン他、1999）という形で授業評価を試みています。集められた数名の大学院生に深くインタビューを行い、大学院教育に対する意見を出してもらい、大学院FDのニーズを把握する試みです。課題が明確になっていない初期段階では、FD担当者が中心となってこうした取り組みを行うことが有効です。

　以下では、大学院教育固有の課題の例として、①研究指導のノウハウ、②キャリア支援、③留学生教育を挙げます。

　多くの大学において大学院教育の中核的な活動は研究指導です。①研究指導のノウハウは多数ありますが、多くの教員は自分が受けた研究指導と異なるノウハウを知る機会が少なく、今日の大学院生に適した研究指導の方法を見出せない教員も多くいます。この課題を解決するために、研究指導のノウハウを教員同士で交換し合う研修を開催してみましょう。具体的には、学会発表で表彰されるような優秀な大学院生が所属している研究室の教員に、どのような指導上の工夫をしているかを話してもらいます。そうすると、次のようなノウハウが挙げられます。「学生は役割を与えられると頑張れる」「研究室の紹介パネルや組織図を作ると帰属意識が高まる」「学外との合同研究会やインゼミ（あるテーマについての論文をまとめ、学内外の他のゼミと発表や討論を行うこと）のようなイベントを行うと、競争意識が高まり学生がよく学ぶようになる」「毎週1対1の定例面談を設け小さな課題の締め切りをくり返し設定すると、論文指導がスムーズになる」「大学祭やオープンキャンパスのイベントに、学生主体で研究紹介ブースを出展させている」「指示命令型でなく、コーチングの原理を取り入れてうまくいっている」「各学生に1人ずつ先輩メンターをつけて個別指導をしている」

　こうした具体的なノウハウを通して、他の教員は研究指導上のヒントを得たり、大学院生の理解を深めたりすることができます。

　また、②大学院生のキャリア支援も重要な課題です。教員と大学院生が学外の人と接触できる機会を設けることは、教員にとってFDになると同時に、大学院生にとってキャリア支援にもなります。たとえば、企業や地域の人を招待した研究会やサイエンスカフェといった場で、教員だけではなく大学院生に自分の研究をわかりやすく話してもらうこともよいでしょう。

　さらに、近年は大学院においても、③留学生が増えており、それに伴う対応も

大学院 FD の重要な課題となっています。たとえば、学位論文を日本語で書く場合のライティング指導、母国で受けた研究指導と異なる方法で指導をする場合の説明や合意形成、研究者倫理の確立・保持に関する指導、共著者となる場合のルール確認等、さまざまな支援や指導が必要です。これは、近年増えている社会人大学院生の指導においても同様です。

教員個人や研究室単位で対応しきれない問題については、部局や大学による組織的な大学院生の支援体制を検討することも FD の課題です。　　　（中島英博）

Q36　カリキュラム

カリキュラムのマネジメントはどのように行えばよいでしょうか。

A　各大学は、行政や外部評価団体から、3つのポリシーの策定と公表を求められています。つまり、ディプロマ・ポリシー（学位授与方針）、カリキュラム・ポリシー（教育課程編成・実施方針）、アドミッション・ポリシー（入学者受け入れ方針）を明確にし、一貫性を構築し、それらを構成員で共有した上で、カリキュラムのマネジメントを行うことが求められています。以下に、カリキュラムのマネジメントの手順を、「5つのステップ」として提起します（佐藤、2010 a; 2010 b; 2010 c; 2011）。

第1ステップでは、大学がめざすべき人材像を策定します。私立大学の場合は建学の精神に表現されていることが多く、国公立大学の場合は大学憲章やモットーに表現されていることも多いです。めざすべき人材像は、到達することが直接求められているわけではないので、抽象度が高く、理念的であっても構いません。むしろ教職員や学生の記憶に残りやすく、印象的なものがよいでしょう。

第2ステップでは、めざすべき人材像を具体化したディプロマ・ポリシー（DP）を策定します。DPとは「大学が教育活動の成果 (Educational Outcomes) として学生に保証する最低限の基本的な資質 (Minimum Requirement)」を箇条書きで記述したもの」（沖・田中、2006）であり、卒業判定にも使用されるものであるので、現実的で、客観的評価が可能なものでなければなりません。

学部・学科がDPを記載するにあたっては、以下のようなルールを定めるとよいでしょう。学生が卒業時に期待されている行動を明確に読み取ることができるようにするためには、①学生を主語とする、②文末には行為動詞を用いる、③一文に複数の行為動詞を混ぜない、④領域別に整理して文言化する、⑤文末の行為動詞は、「習得する」といった未来形ではなく、「習得している」というように、卒業段階で達成された状況を示す未来完了形で記載するとよいでしょう。

　策定の際には、当該学部・学科の教員のニーズのみならず、日本学術会議が検討している「分野別参照基準」、国・地域社会・産業界といった大学の利害関係者が持っているニーズ（「社会人基礎力」「学士力」等）についても配慮します。

　第3ステップでは、アドミッション・ポリシー（AP）を策定します。APはほとんどの大学で既に作成・公表されていますが、DPを策定した後に見直すと問題点がよく見えてきます。①DPの内容が混在している、②DPを超えた内容となっている、③受験生には理解が困難な表現がある、④入学試験制度と対応していない、⑤「関心・意欲・態度」の観点に偏りすぎている、という課題があります。

　第4ステップでは、カリキュラム・ポリシー（CP）を策定します。CPとは、DPとAPのギャップを埋めるための具体的なカリキュラムを説明したものです。文章だけではなく、カリキュラム・マップやカリキュラム・ツリーと呼ばれる図を使って表現するとわかりやすくなります。

　カリキュラム・マップとは、DPと各授業の到達目標との整合性を確認するためのツールです。カリキュラム・ツリーとは、学習内容の順次性と科目間の関連性を同時に図示化したフローチャートやダイアグラムのことです。このようにカリキュラムを可視化することによって、DPとの非対応、順次性・関連性の欠如・不足といった問題があることに教員が気づき、修正していけるようになります。

　第5ステップでは、卒業予定者はDPを達成しているのか、CPに基づいてカリキュラムがうまく機能しているかを検証するために、カリキュラム評価手法を策定します。

　DPを複数の領域で設定しているのであれば、カリキュラム評価手法も複数になるはずです。試験（論述試験、口頭試験、客観試験：国家試験・民間試験・大学独自テスト等）、アンケート（カリキュラム評価アンケート、授業評価アンケ

ート等)、面接評価(個人面接、グループ面接等)、観察評価(実験・実習、シミュレーション、ロールプレイ等)、卒業論文・卒業制作、ラーニング・ポートフォリオ等、自己・他者による評価手法を組み合わせて策定します。

5つのステップに沿って3つのポリシーを明確にした後は、定期的にカリキュラム評価を行います。評価結果によっては、DP・CPのみならず、めざすべき人材像やAPの基準を上下させたり、新しい文言を追加・削除するなどの、修正をします。カリキュラムの大幅な改訂が必要になることもあるでしょう。この一連の作業こそ、カリキュラム・マネジメントです。

「大学の自己評価システム」は、「さまざまなレベルの、さまざまな型の『大学の自己評価』活動が、行政的にでなく教授団(ファカルティ)の教育研究に対する責任意識と活力に基づき、教育研究の改善を意図して推進される、即ち『FD活動』を基盤とすることが肝要である」(一般教育学会、1991)とされますが、カリキュラム・マネジメントの「5つのステップ」はカリキュラムの自己評価をFDを基盤として行うための手順です。　　　　　　　　　　　　　　　　(佐藤浩章)

Q37　　　　　　　　　　　　　　　　　　　　　　　　　　　　カリキュラム

共通・教養教育のカリキュラム改革を行うにあたって、どのような点に留意したらよいでしょうか。

A 大学のカリキュラム改革は、学校教育法や大学設置基準などの関係法令の改正や、中央教育審議会答申、大学機関別認証評価、私学助成などのさまざまな経路を通じて近年強力に推進されています(吉田、2013a)。

しかし、共通・教養教育のカリキュラム改革には、専門教育のカリキュラム改革とは異なる特有の難しさが存在します。共通という言葉が表すように、多くの大学ではいくつもの学部や学科・コース等にまたがるカリキュラムであり、その編成過程は非常に複雑でさまざまな利害が対立するからです。さらに誰がマネジメントを行うのか、誰が授業を担当するのか、という課題も存在します(吉田、2013b)。大学設置基準に定められた卒業要件124単位のうち、多い大学では50単位以上、少ない大学でも20単位程度が共通・教養教育の枠で開講されていま

す。困難であるとはいっても、教育の質を確保するためには、評価・改善を行っていく必要があります。

　では、共通・教養教育のカリキュラムの何が課題なのかを考えてみましょう。清水（2005）は、大学設置基準の大綱化以降も残るカリキュラムの問題点として、①大学教育の理念・目標の明確化、②一般教育と専門教育の有機的統合、③バランスのとれた系統的履修システム、④カリキュラムの評価、の4点を挙げています。①については、近年、ディプロマ・ポリシー、カリキュラム・ポリシーの明確化と公表が求められているので既に解決済みの大学も多いでしょう。しかし、②についてはどうでしょうか。清水はカリキュラム編成の成否は一般教育（＝共通・教養教育）と専門教育をどう関連づけるかの1点にかかっていると言っても過言ではないと述べています。共通・教養教育と専門教育の有機的統合とは、言い換えれば、ディプロマ・ポリシーを達成するために、共通・教養教育と専門教育の区分を越えてどのような教育内容をどのような順序で教えるのかを体系化する、ということを意味しています。カリキュラム体系図（カリキュラム・マップ、カリキュラム・ツリー等）の作成をとおして両者の関係性を整理し、授業の配列や内容を検証していくこともその1つの方法です。

　また、③のバランスのとれた系統的履修システムの構築は、カリキュラム編成において最も難しい作業であると言えます。具体的には、科目編成、必修・選択・自由科目の割合、各年次履修の割合等を適切に設定しなければなりません。たとえば、共通・教養教育では、人文・社会科学系の学生であっても、自然科学系の科目を履修し幅広く深い教養を身につけることは望ましいと一般に考えられています。そのためには、文理のクロス履修が可能になっている必要があります。また、特定の課題やテーマについて異なる領域の知識を関連させながら考察する能力を養うことも重要な目標の1つです。そのために、テーマに関連する授業をあらかじめグループ化しておき、場当たり的な履修を避けるといった工夫も考えられます。

　最後に、カリキュラムの有効性を検証するためには、①から③に加えて④のカリキュラムの評価を行う必要があります。これは共通・教養教育の理念・目標が達成されているかを具体的なデータに基づき検証する作業になります。授業評価アンケートはよく利用されますが、これ以外にもたとえば成績分布データ、外部テスト結果（TOEIC等）、カリキュラム全体の教育評価アンケート、卒業時・卒

業生アンケートなどのさまざまなデータから共通・教養教育のカリキュラムの目標到達状況を確認し、課題を検証していく必要があります。　　　　　（吉田香奈）

Q38　　　　　　　　　　　　　　　　　　　　　　　カリキュラム

キャップ制を用いて単位制度の実質化を図るにはどのようにしたらよいでしょうか。

A 　大学設置基準では、1単位を修得するためには45時間の学習が必要とされています。学生にきちんと学習させようとするのであれば、仮に50分を1時間と計算している大学の場合、1単位につき50分の授業と100分の授業外学習を15回にわたり確保する仕組みが必要になります。このようにして学習可能な履修単位数が算出されます。学生の履修単位数が増えれば増えるほど、授業外学習に必要な時間も増えることになります。

　大学設置基準が基本としている学習時間は、授業と授業外学習の時間を合わせ、1日8時間です。この8時間という数字は、社会人の1日の労働時間が基準です。ちなみにインターンシップや教職課程における教育実習で、週5日間にわたり1日8時間の学習を行い、1単位とするのも同じ考え方に基づいています。このように考えると、15〜16週を半期授業期間とした場合の適切な履修登録単位数は16ということなります。

　キャップ制とは、「単位の過剰登録を防ぐため、1年間あるいは1学期間に履修登録できる単位の上限を設ける制度」（中央教育審議会、2012a）です。キャップ制を用いて単位制度の実質化を図るためには、学生に単位の仕組みを理解させ、

表14　単位数別学習時間数

半期20単位の場合（2単位100分）※週5日制で算出			
大学における学習時間	授業外学習時間	1週間の学習総量	1日の学習量
1,000分（16時間40分）	2,000分（33時間20分）	3,000分（50時間）	600分（10時間）
半期16単位の場合（2単位100分）※週5日制で算出			
大学における学習時間	授業外学習時間	1週間の学習総量	1日の学習量
800分（13時間20分）	1,600分（26時間40分）	2,400分（40時間）	480分（8時間）

授業外学習の時間をまず確保させる必要があります。同時に、教員には、学生の授業外学習が必要となる授業を実施することが求められます。学生の中には自ら進んで授業外学習を行う学生もいますが、多くは受講しさえすればよいと考え、授業外学習の時間を進んでつくろうとはしません。ですから、教員は単に予復習を課すだけでなく、必要に応じて授業外の時間に受講生の学習支援に積極的に関わることが求められます。

　また、授業の時間割の工夫も大切です。学生は慣習的に先輩学生から履修方法の指導を受けてきています。よく目にするのが、午前か午後に授業を集中させ、空き時間をつくらないようにする時間割です。平日に授業のない日をつくる学生も少なくありません。単位制度の実質化を図るためには、こうした履修慣行を変える必要があります。授業の時間割を工夫することで、授業と授業の間に、履修できる科目のない空き時間を設定することは可能でしょう。そこを授業外学習の時間にすることができます。

　授業外学習については、学生は家で学習したらよいではないかと主張する人がいるかもしれません。しかし、通学時間やアルバイトの時間などを考え合わせると、現代を生きる学生にとって、大学以外で授業外学習時間を確保するのは必ずしも容易なことではありません。

　学生にとっては長時間を大学で過ごすことになるため、快適な学習環境の整備が大学には求められます。個人学習室やラーニング・コモンズのような学習空間の充実はもとより、アクセスのよいウェブ環境の構築も欠かせません。当然のことですが、学習支援プログラムの体系化も必要です。また、これまで昼食中心に考えられてきた学生食堂においても、朝食と夕食メニューの拡充を図ったり、リラックスして学習できるカフェを設置したりするなど、長い学習時間を確保する仕組みの構築も必要となるでしょう。

（菊池重雄）

Q39 カリキュラム

GPAを導入する際には、どのような点に留意したらよいでしょうか。

A　学生は、科目の履修にあたり、単位を修得するだけでなく、一定以上の成績評価を得るよう努力することが求められます。学生個々の学習達成度の評価法として、GPA（Grade Point Average，科目成績平均値）制度を導入している大学があります。通常GPAは、修得単位数に成績値（S：4.0、A：3.0、B：2.0、C：1.0、F：0.0）を掛けた合計値を、履修登録科目の合計単位数で割った数字で表されます。

　GPAがよく利用されるのが、各種奨学金の選考時です。一定数の単位を修得している学生を対象に、GPAの高い者から順に奨学金を付与するシステムが一般的です。同様に、研究室配属時の優先順位づけや、優秀学生賞などの顕彰、外国の大学への留学時の条件にもGPAが利用されることがあります。当然のことですが、GPAが高いということは、履修した科目の学習成果の平均値が高いということです。ゆえに、GPAの高い学生は、単に学習成果だけでなく、そこに至るまでのプロセスや学習姿勢（タイムマネジメント、計画性等）も優れていると受けとめられます。

　日本では、卒業基準にGPA（たとえばGPA 2.00以上）を採用している大学はごくわずかしかありません。その理由の1つが、日本の大学文化に「C評価（60〜69点）を単位認定しておきながら、B評価（70〜79点）以上を卒業基準として求めるのは矛盾している」とする考え方が根強くあるからです。しかし、今はどの大学においてもディプロマ・ポリシーが定められており、そこには学習をとおして修得できる到達目標が記載されています。たとえ卒業に必要な単位数は満たしていたとしても、GPA 2.00未満の学生がはたしてディプロマ・ポリシーの基準を満たしていると言えるのでしょうか。今後は卒業基準として、従来の修得単位数に加えて、GPAに注目する大学が増えていくでしょう。

　卒業基準にGPAを採用する大学では、学期や学年の終了段階でGPAを算出し、基準を満たしていなければ、指導や助言を行っています。大学によっては、

GPA 基準を満たせない学期が 3 回あると退学勧告がなされます。こうした大学の中には、F 評価を受けた科目だけではなく、C 評価を受けた科目であっても再履修を可能にして、数値の上書きを可能にしているところがあります。また、履修取り消し期間を長めに設定し、学生自身の判断により GPA を調整しやすくしている大学もあります。

　こうした工夫は、卒業基準に GPA を採用しない大学においても、十分に参考になります。とりわけ GPA を使った学生指導・助言のシステムは有効です。学期および学年ごとの細やかな学習上の指導・助言によって、学生の学習意欲を高めることができます。また、同学年の平均 GPA を示して比較させることで、自分の学習能力を客観的に測らせることも可能です。こうした指導は、中退防止にもつながります。

　GPA を本格的に導入するのであれば、100 点満点の評点は不要になります。S／A／B／C／F の 5 段階の尺度を使うことになるのであって、同じ A 評価に分類される 80 点と 89 点の違いを点数で示しても意味がありません。5 段階では評価が粗すぎるということであれば、S－（S マイナス）や B＋（B プラス）を使って、GPA 基準を細分化する必要があります。　　　　　　　　（菊池重雄）

Q40　カリキュラム

科目ナンバリングを導入する際には、どのような点に留意したらよいでしょうか。

A　科目ナンバリングは、「授業科目に適切な番号を付し分類することで、学習の段階や順序を表し、教育課程の体系性を明示する仕組み」です（中央教育審議会、2012 a）。主に北米の大学で取り入れられている制度であり、海外大学との単位互換を円滑にする機能も期待されています。

　標準的なナンバリングの方法は、「学問分野名＋ 3 桁の科目番号」です。ただし、日本ではアメリカのようなデパートメント制を取っていないため「科目の開講部局名＋科目番号」が多いようです。科目番号の先頭の数字が難易度を表します。たとえば、100 番台は 1 年生向け入門科目、200 番台は 2 年生向け中級科目、

300番台と400番台は3・4年生向けの上級科目や専門科目で400番台には大学院の入門科目を含むというものです。なお、学問分野名は省略形を用いる大学や単語で標記する大学などさまざまです。たとえば、数学であればMAT，MATH，MATHS，Mathematics等の表現になります。

　北米の大学では入学時に専攻を決めず、学生は膨大な科目の中から興味のあるものを選択することで専攻が決まり。そのため、ある専攻で学位を取得するには、何らかの形で必修科目や履修順序を可視化する必要があるのです。科目ナンバリングは、学生に対して学位授与に必要な要件を明示する必要性から生まれたものと言えます。

　科目ナンバリングで留意すべき点は、難易度と前提科目の設定です。たとえば、微生物学入門（BIO 207）の履修には、「生物学入門（BIO 170）と化学入門（CHEM 130）をC以上の成績で合格していること」という条件を学生は満たす必要があります。100番台の入門科目でも「高等学校で生物を選択履修していること」という条件がつく場合もあります。

　このように、科目ナンバリングの下では、200番台を担当する教員は、100番台の授業シラバスを参照して重複を避けたり、学生が学んでいないことを前提にした内容がないかの確認をして授業を準備します。同時に、300番台や400番台で前提としている到達目標を達成できるよう授業内容を設計します。ナンバリングがカリキュラムの体系性をもたらすという考えは、難易度と前提科目の設定を前提にしています。なお、こうした作業の前提として、各科目のシラバスで到達目標が明確に定められている必要があります。

　さらに、難易度と前提科目を設定する過程で、開講科目の整理も行われます。上級科目の前提条件を満たす上で1科目では学習時間が不十分である場合、演習科目を加えて2科目をセットにする場合があります。また、類似した科目がある科目、どの科目からも前提とされない科目や前提科目を必要としない科目については、廃止・統合したり、専攻の必修から外した開放科目とすることができます。日本の大学は諸外国と比較して開講科目数が多いことが指摘されており、ナンバリングはカリキュラムのスリム化、科目数の削減の指針としても活用できます。また、教室の有効活用、教員の研究時間確保にもつながります。

　日本では、学生が学部を選択して入学してくる上、専門科目にも配当年次を指定しているものが多く、カリキュラムには一定の体系性が確保されています。そ

のため、ナンバリングを機械的に行うことも不可能ではありません。しかし、日本のカリキュラムは、科目の体系化がなされているのは専門科目に限定されており、共通・教養科目が分離しているという問題があります。ナンバリングの導入を契機にして、全学的にディプロマ・ポリシーに基づいた学士課程全体の体系化を進めるとよいでしょう。 　　　　　　　　　　　　　　　　　　（中島英博）

Q41　　　　　　　　　　　　　　　　　　　　　　　　カリキュラム

学生の授業外学習時間を増やすために、FD担当者はどのようなことができますか。

A 　諸外国に比べて日本の大学生の学習時間が著しく短いこと（1日5時間以下／「全国大学生調査」（東京大学大学院教育学研究科大学経営・政策研究センター、2008））が指摘され、「予習・復習などを含めた学修時間の確保」が求められています（中央教育審議会、2012 a）。

　一方、『大学生の学習・生活実態調査』（ベネッセ教育研究開発センター、2013）によれば、授業への取り組みとして、「授業で出された課題はきちんとやる（87.5％）」「授業でわからなかった（わからない）ことは自分で調べる（67.5％）」と回答しています。この回答から、教員が課題の指示を適切に行えば、学生の授業外学習は促進されることがうかがえます。FD担当者はこの問題にどのように関与できるでしょうか。

　授業外学習時間の確保のためには、授業担当者である教員に対する個別的な対応と、大学全体に対する組織的な取り組みの推進の両方が必要となります。

　まず、個別的な対応としては、研修の実施や情報提供が挙げられます。研修では、FD担当者が学生の自主学習を促す具体的な方法を紹介することができます。たとえば、シラバスの中で予習復習のための課題をできるだけ具体的に示したり、課題のための学習時間の目安を示すこと、あるいは予習復習のためにeラーニング教材を準備することなどです。授業担当者同士の情報共有の機会として研修を開催することも可能です。研修に参加できない教員のことも考慮し、研修の様子を録画して提供したり、印刷物（ニュースレター等）にして配付したり、ウェブ

サイト上で情報提供を行うとよいでしょう。

組織的な取り組みの推進としては、履修単位の上限を設定するキャップ制や週複数回の授業を実施するクォーター制の導入等の全学的なカリキュラム改革が挙げられます。多くの大学では、授業外学習を促すために、学習環境の整備を行っています。学習支援に関わる組織や図書館と連携して、ラーニング・コモンズと呼ばれる自学自習スペースを提供したり、授業と関連した教材や学生の興味が深まるような資料を配置したり、学習アドバイザーを配置することで学習方法や資料の調べ方に関する助言・支援を行ったりすることができます。

授業外学習については、量的な増加が話題に上ることが多いですが、本来の目的は、学生の十分な基礎学力を保証すると同時に、課題を通してさらなる探究心を呼び起こし、学びの質の向上に寄与することです。FD担当者はこの点に留意し、学内での議論が量的な増加のみに焦点化しないよう活動しましょう。

(清水栄子)

Q42　学習・学生支援

組織的な学習支援に取り組む際には、どのような点に留意したらよいでしょうか。

A 学習支援として想定される取り組みは、多岐にわたります。たとえば、基礎学力を向上させるための補習教育、レポートの指導に代表されるようなライティングスキルの育成、ラーニング・ポートフォリオの整備、ラーニング・コモンズの設置や、アカデミック・アドバイザー等の配置による指導・助言体制の整備などが挙げられます。

このように学習支援は多様なので、当然、取り組むべき支援の内容は大学によって異なります。ただし、組織的に取り組むという点に絞って考えれば、少なくとも次の3点について配慮が必要です。

1点目は、正課・正課外も含め、学生の学習を大学生活の中で総合的に捉えることです。学生の学習の場は、正課もしくは授業内にとどまるものではありません。近年、授業外学習の充実や正課外教育の意義が強調されていますが、これに

連動して学習支援の重要性はますます高まっています。たとえば、正課の中で、図書館やラーニング・コモンズ等の資源活用を促すような課題を出し、学習支援に関わる組織がそれを支援するといった取り組みもあります。また、ある科目群を中心としながら、学生が集団を形成し、正課・正課外のさまざまな場において学習を深化させていく「ラーニング・コミュニティ」と呼ばれる実践にも関心が集まっています（大澤他、2009；五島、2010）。

2点目は、大学の規模や組織文化等の特性に配慮することです。たとえば、ライティングの指導を行う場合に、小規模大学においては、クラス担任制を前提として、学生個々人に対する丁寧な指導が展開できます。しかし、大規模大学においては、学生・教員数比率の違いから同様の取り組みを実施することが難しく、むしろ、ライティングセンターといった全学的組織を立ち上げることの方が現実的である場合もあります。

3点目は、学習支援に関わる教職員に十分な研修を実施することです。組織や仕組み等の外形的な側面を整備するだけでは支援は行えません。前述の例を再度用いれば、図書館やラーニング・コモンズを整備するだけでなく、それらを活用した授業設計について授業担当者は学ぶ必要があります。また、学習支援を中心的に担う役職として、アカデミック・アドバイザーを各学部や学科から選出した場合にも、FD担当者が指導・助言の方法に関する研修を行わなければ、アドバイザー自身が戸惑うことになるでしょう。

(橋場論)

Q43　学習・学生支援

学生向けのポートフォリオを、学びの促進のためにどのように活用したらよいでしょう。

A　学生のためのポートフォリオは「ラーニング・ポートフォリオ」と呼ばれます。ラーニング・ポートフォリオとは、学生の幅広い能力について、その発揮された成果や実践を表現し、判断するためのツールです（Zubizarreta、2009）。学習の目的・目標、学んだことの振り返り、達成したこと、レポート課題等の成果物、評価、今後の課題、関連資料といった項目によって構成されます。

ラーニング・ポートフォリオが扱う学習活動の範囲としては、1つの授業やプロジェクトなどの短期間のものから、大学に入学してから卒業まで数年にわたるものもあり、さまざまです。そして、ポートフォリオの作成目的もまた多岐にわたっています。たとえば、学習活動の改善、ライティング技術の向上、学習活動の支援、課題の解決、フィールド学習経験の整理、特定のプログラムにおける達成度の評価、就職活動のための資料作成、等が挙げられます。

　ラーニング・ポートフォリオは、基本的には、学んだことについて振り返った記述と、実際に作成されたレポート等の成果物の根拠資料によって構成されます。ただし、上述のように対象とする活動も作成目的も多様であるため、その形態も一様ではなく、単に資料の保管機能しか持たないものから、卒業論文に代わるものまで、さまざまな質のポートフォリオが存在しています。

　学習に活かすという観点で言えば、ズビザレタが提案するラーニング・ポートフォリオのモデルは有益です（Zubizarreta, 2009）。このモデルでは、質の高いポートフォリオの要素として、①文書化・根拠資料、②自己省察、③メンタリングの3つを挙げています。

　①文書化・根拠資料は、ポートフォリオが文書の集合体であることから当然含まれるべき要素です。文書作成をとおして活動の可視化を行う作業は、学んだことの価値づけと学習の計画性を高める出発点になるので、大変重要な意味を持ちます。

　②自己省察とは、自分自身を振り返ることです。自己省察を行うことで、学習活動や内容についての事実（履修科目、提出課題、成績等）に関して、それらを学んだ意義や今後の目標等が自分の力で明らかになります。自己省察によって、前述の文書化がより意義深いものとなります。

　③メンタリングとは、他者（先輩あるいは教員）がラーニング・ポートフォリオ作成者の作成プロセスにおいて話を聞き、振り返る視点を提供する等の支援を行うことです。このメンタリングによって、前述の自己省察の質がさらに高まり、ラーニング・ポートフォリオ作成の価値が高まります。

　多様な根拠資料との連携や共有・発信が容易であることから、ラーニング・ポートフォリオのデジタル化が進んでいます（小川・小村、2012）。しかしながら、単にシステムの導入をしただけでは、ポートフォリオの作成は形骸化するでしょう。自己省察やメンタリングの機会を提供することが、学びに活かされる本質的なポ

ートフォリオの作成につながります。　　　　　　　　（栗田佳代子）

Q44　学習・学生支援

ラーニング・コモンズを、どのように活用することができるのでしょうか。

A　ラーニング・コモンズとは、学習支援サービス、情報資源、設備を総合的に利用できる滞在型の学習空間で、アクティブラーニングに対応できる場として注目されています（IDE 大学協会、2013）。1990 年代の初頭に米国でその前身が登場し、近年、日本の大学でも設置されるようになりました（加藤・小山、2012）。ラーニング・コモンズの設備や活用法は多様で、教育目標や教育方法、利用者のニーズなど、各大学の文脈にあわせてデザインします。

　主な活用法として、①授業のための学習空間、②授業以外の学習空間、③研修やイベントの会場があります。

　①授業のための学習空間としては、テーブルやいす、電子黒板やホワイトボード、コンピュータ、インターネット経由で利用できる情報資源などを柔軟に組み合わせることによって、多様な活動を組み入れた学習を実現することができます。授業に関連した図書館員による情報探索のガイダンス、レポートやライティング関係のセミナーもここで実施できます。仕切りのない開放的な空間としてデザインすれば、偶然に通りがかった学生や教職員が、他者が活発に学ぶ様子を見て、新しい気づきを得たり、場合によっては、飛入りで参加したりすることができます（美馬・山内、2005；FM 推進連絡協議会、2009）。

　②授業以外の学習空間としては、学生自身が上述の施設や設備を組み合わせて多様な学びを実現できます。その中で、専門職員や TA によるライティング、ICT、情報探索のためのサポート、教員によるオフィス・アワーなどの学習支援サービスを受けることもできます。ラーニング・コモンズは、利用者を適切な部署や教職員に照会したり、学内外で利用できる資源と有機的につないだりするなど、多様な学習支援サービスの窓口の役割をはたします。

　③研修やイベントの会場としては、教職員のための研修、学生のための就職活

動やキャリア教育関係のセミナー、授業や課外活動の成果発表、学内外の講師による講座、文化行事、ビブリオバトル（書評合戦によるコミュニケーションゲーム）などの会場になり、発表者と参加者、参加者同士の交流を図ります。教職員が利用者の立場で利用することで、ラーニング・コモンズの機能について理解を深めることができます。

　ラーニング・コモンズは、学生や教職員が自然に集まる場であり、偶然に居あわせた者同士が、刺激しあい、情報やアイデアを交換し、関係性を強化し、学術コミュニティの一員としてのアイデンティティを強化する場になります。ラーニング・コモンズを介して、ラーニング・コミュニティをつくることができるのです。

(長澤多代)

Q45　　　　　　　　　　　　　　　　　　　　　　　　　　　学習・学生支援

学生支援とFDはどのような関係にあるでしょうか。

A　学生支援とは、学習支援、学生相談、キャリア支援、経済支援、生活支援、課外活動支援、留学生支援、障がい学生支援等の多様な領域において、学習を促進するための条件整備や各種能力開発等の目的で実施される、正課外での支援のことです。学生支援は、次の2つの意味において、FDとの関わりを持っていると言えます。

　まず、FDは学生支援を充実させるための要素として位置づけられます。近年、学生支援における教員への期待は高まっています。たとえば、クラス担任の教員が学生の生活支援から学習支援、学習相談に至るまで対応する場合もあります。期待が高まるほど、その役割を担うために求められる能力も広範かつ高度になります。それゆえ、FDを通じて、学生支援における役割を担うための能力開発を行う必要が生じます。このような意味での学生支援とFDとの連携の重要性については、2000年に文部省から出された報告書（いわゆる「廣中レポート」）において指摘されています（文部省高等教育局大学における学生生活の充実に関する調査研究会、2000）。実際に、教員を対象として学生支援に関する研修を定期的に実施してい

る大学は珍しくありません。

　次に、学生支援の現場で生起する事象それ自体が、FDの指針になると言えます。たとえば、教務系の部署における学生対応の場面を想定してみましょう。履修の方法から休学・退学に至るまで、さまざまな相談事が持ち込まれます。こうした相談事の背後には、個別授業やカリキュラムの問題が存在しているはずです。つまり、学生支援の最前線に視線を向ければ、不利益を被っている学生の存在、換言すれば、FDによって解決すべき課題が見えてくるのです。

　以上のように、学生支援とFDは、相互補完的な関係にあると言えるでしょう。

(橋場論)

Q46　教育業績

大学教員に求められる教育能力とはどのようなものですか。

A　大学設置基準第14条（教授の資格）には、大学教員となれる者は、その職位ごとに相応の学位もしくは研究業績を有し、かつ「大学における教育を担当するにふさわしい教育上の能力を有すると認められる者」とあります。したがって、優れた大学教員とは、優れた研究業績とともに優れた教育能力を持つ人となります。

　近年、ヨーロッパ諸国を中心に大学教員に求められる教育能力基準の構築が進んでいます。それらの基準に共通している能力には次のようなものがあります（加藤、2010）。

①科目や教育プログラムをデザインし、計画する能力
②授業実践（教材開発を含む）や学習支援を行う能力
③学生にフィードバックし、成績を評価する能力
④教育および学習環境を調整し運営する能力
⑤学術的もしくは科学的なアプローチを持って継続的な教育改善や職能開発を行う能力

これらの能力の基盤となる知識として、「科目内容に関する知識」「学生がいかに学習するのかという学習に関する基本的な知識」「学習の目的に合わせた教授・学習方法に関する知識」の3つを持っていることが望まれます。さらに最近では、大学教員は教育の専門職であるという認識が定着しつつあり、専門職としての姿勢や価値観として、「学生や学習コミュニティを尊重すること」「大学教育への機会の平等や大学教育の多様性を尊重すること」「根拠に基づく教育改善や専門職として自らの継続的な職能開発を重視すること」等が期待されています（Higher Education Academy、2011）。

　これらの能力のうち、どの能力をどの程度備えているべきかという基準は、大学によって異なります。なぜなら重視される教育の焦点が大学によって異なるからです。その教員が所属する大学のニーズや学生の実態に対応した適切な教育・指導方法を選択でき、かつ実践できる教員こそが、優れた教員であると言えるでしょう。

(加藤かおり)

Q47　教育業績

FDへの参加を教員評価と結びつけるべきでしょうか。

A　理念的には、FDと教員評価（日常的な教育研究等の活動の評価および昇進等の審査）は、結びつくものではありません。FDとは、大学教員または所属組織の諸能力を向上させるための自主的および組織的な活動であり、個々の教員の活動を査定するための教員評価とは目的が異なります。

　しかし、現実には、それぞれの大学の方針やFDの位置づけによって、FDと教員評価が結びつく場合もあります。たとえば、FDを大学教員の自主的・自発的な活動として位置づける大学もあります。他方、FDに参加することが教員評価の対象とされている大学もあります。具体的には、昇進や再任時の考慮事項としたり、日常の勤務状況の一部として昇給や賞与の査定の考慮事項としたりしている大学もあります。しかし、FDが教員評価の一部として利用されている場合でも、大学が実施するすべてのFDが教員評価の対象とされることは稀です。実

際には、参加が義務づけられた新任教員研修等の参加については評価対象とする一方で、任意参加の授業改善のための研修の参加については評価対象としないことが一般的でしょう。教員評価の方法も多様です。参加しない場合に減点的に評価することもあれば、積極的に参加した場合に加点的に評価することもあります。

　FD担当者としてFD活動の全体計画や研修を企画、運営する際は、教員評価の位置づけを意識した設計や運営が必要になります。大切なことは、FDと教員評価との関係のあり方によって、教員の意欲や意識が異なることを理解しておくことです。教員評価上の対象となるFDでは、組織や個人に必要なFDであっても、内容が優れたFDであっても、内発的動機づけの低い参加者が少なからず存在していることを想定しておく必要があります。　　　　　　　　　（白川優治）

Q48　教育業績

ティーチング・ポートフォリオを作成する意義について、教員にどのように説明したらよいでしょうか。

A　ティーチング・ポートフォリオ（教育業績記録）とは、「1人の教員の事実に基づくティーチングの強みや業績の記述」であり、「教員のティーチング活動の領域の広さや質の高さについて集約的に提示する資料」を含みます（セルディン＝栗田、2007）。

　ティーチング・ポートフォリオは、アメリカやカナダ（カナダではティーチング・ドシェともいう）等の国々を中心に、教員の教育能力の改善・開発のツールとしてだけではなく、教育業績を研究業績と同様に評価し、採用・昇進・テニュア取得につなげるためのツールとして開発され、普及してきました。そのため、単なる教育活動の記録や教育活動に使用した資料の寄せ集めではなく、十分に練られた構成、厳選された根拠資料によって自分の教育活動がいかに有効で効果的であるかを示すように、常につくり直しを重ねていくことが重要とされています。よりよいティーチング・ポートフォリオを効率的に作成するためには、訓練を受けたメンターの助言を受けつつ作成することが推奨されています。

　ティーチング・ポートフォリオの形式は、読みやすく管理可能なものが望まし

表15 ティーチング・ポートフォリオの項目例

評価を目的とする場合	改善を目的とする場合
1. 略歴（所属学科・学部、機関）	1. 略歴（所属学科・学部、機関）
2. 自分の教育理念や哲学	2. ティーチングの責任・役割
3. ティーチングの方法論、戦略、目的	3. 自分の教育理念・哲学
4. ティーチングについての他者評価（学生の授業評価や同僚、上司による評価など）	4. ティーチングの方法論、戦略、目的
5. 学生による授業評価アンケートの結果	5. 教材の解説（シラバス、配付資料など）
6. 同僚による授業観察および教材の評価	6. ティーチング改善の努力（会議やワークショップ参加、カリキュラムの改訂など）
7. 学科長による教育貢献度への講評	7. 学生による授業評価アンケートの結果
8. 代表的なシラバス	8. ティーチングの成果物（学生の学習成果の証拠）
9. ティーチングの成果物（学生の学習成果の証拠）	9. 今後のティーチングの目標（短期・長期）
10. 教育表彰や認定	10. 添付資料
11. 今後のティーチングの目標（短期・長期）	
12. 添付資料	

（セルディン＝栗田、1997）

いとされており、概ね6～12ページ程度の本文と、その内容を裏づける添付資料で構成されています（Knapper & Wilcox、2007）。内容は、使用目的や提示する対象によって異なります。表15では、評価を目的とする場合と、改善を目的とする場合の項目例を示しています。

　カナダでは、労働協約の中で、専門的能力の維持・向上を義務として、またティーチング・ポートフォリオの作成を含む教育業績の提出および評価を受けることを教員の権利として定めています。そのため、作成の際の共通の目安として「効果的なティーチングの基準」を定めている大学もあります。その基準には、カリキュラム開発や教授法の知識を持っていること、学生の多様性を尊重し、自立的かつ協同的な学習の推進をすることなども示されています。そうした知識やスキル、態度を前提に、教員はティーチング・ポートフォリオにおいて「何をいかに教えるのか、なぜその方法なのか、そしてその方法はうまくいくのかを説明できなければならない」（Knapper & Wilcox、2007）とされます。その意味で、TPとは、単なる記録ではなく、学術的文書に相当する深さを持った文書であると言えます。

（加藤かおり）

Q49 教育実績

アカデミック・ポートフォリオを作成する**意義**について、どのように教員に説明したらよいでしょうか。

A アカデミック・ポートフォリオとは、大学教員の職責である、教育・研究・管理運営・社会貢献の4つの領域すべてについての、自己省察による記述と、それを裏づける根拠資料の集合体です（セルディン・ミラー、2009）。アカデミック・ポートフォリオにおいては、管理運営と社会貢献を合わせて「サービス」領域として統合し、医学・看護学等における臨床活動は「臨床」領域として別途設けることが一般的です。

アカデミック・ポートフォリオは、単なる業績の列挙、つまり「何を行っているか」について記述するだけのものではありません。「なぜ、そして、どのように行っているのか」という観点から、活動を俯瞰的に振り返り、構造化を行い、活動の理念を抽出し、目標の設定という形で将来についての展望を記述します。また、教育・研究・サービスの互いの寄与の程度や関連性、教員としての活動の核となる本人の信念・考え方・姿勢についても記述します。項目例を表16に示します。

アカデミック・ポートフォリオを作成することの意義としては、まず、アカデミック・ポートフォリオの作成が、教員としての活動全般にわたる本人の深い自己省察によって行なわれることから、自ら活動の改善への気づきおよび教員としての明確な自己意識の確立につながります。また、採用や昇進に向けた業績評価資料として利用することも可能です。その際、提出資料として求められていない場合であっても、面接に向けて自身の考えを整理する道具としても有効です。また、活動全体を俯瞰的に取り扱うことができるので、たとえば、インターネット上での自身の学術活動発信の素材としても用いることができます。

また、表16に項目例を示していますが、作成者が自由に項目を設定できるため、所属機関、専門領域、キャリア段階の違いに関わらず作成することが可能です。

しかしながら、「アカデミック・ポートフォリオの質は自己省察の質である」

表 16　アカデミック・ポートフォリオの項目例

	詳細項目	ページ数目安
はじめに	大学教員としての責任	0.5～1
教育	理念 方針・方法 経験 改善 評価・成果 目標	5～6
研究	理念・意義・目的 代表的な研究 獲得した研究資金 知識・技術・技能 目標	5～6
サービス	管理運営 社会貢献	2～3
統合	各活動の相互作用 主要な成果 大学教員としてのコア 目標	2～3
おわりに		0.5～1

といっても過言ではなく、独力で作成するよりも、メンターと呼ばれる作成支援者の助言を受けて作成することが推奨されています。

　アカデミック・ポートフォリオの作成プロセスとしては、ティーチング・ポートフォリオの作成を経てから作成する場合と、「構造化アカデミック・ポートフォリオ」(吉田・栗田、2014) によって作成する場合の2通りの方法があります。構造化アカデミック・ポートフォリオは、教員の活動全体を俯瞰するためのチャートを使用することで、作成期間を大幅に削減できるようにしたものです。教育活動の改善や可視化に重点がある場合には前者の方法が、研究活動も含めた構成が望ましい場合には後者の方法が受け入れられやすいでしょう。　　（栗田佳代子）

Q50 教育実績

教員の採用・昇進にあたって、教育業績を適切に評価する制度をどのように構築したらよいでしょうか。

A 教育業績評価の対象には、数値化された業績と、文章化された業績があります。数値化された業績の例としては、担当授業時間数や履修者数、学生による授業評価結果、大学で使用する教科書等の執筆数、ゼミ指導・博士号獲得学生数、教育表彰受賞歴等があります。

文章化された業績の例としては、自分の教育の理念・戦略・目的・方法論を説明する省察、指導上の創意工夫およびその有効性の評価、作成した教材、シラバス、学生による授業評価、同僚または学生から受けた名誉賞その他の表彰、FD活動の記録、学生の学習成果物、学生の習熟度の変化を示す根拠等があり、これらはティーチング・ポートフォリオとして記述されるものです（セルディン＝栗田、2007）。

さて、教育業績を評価する際には、これらの内容・方法を、自校の実態に合わせて戦略的に組み合わせ、評価システムとして構築していくことが望まれます。佐々木他（2006）は、全国の大学で実施されている教員評価の動向や民間企業における人事考課・成果主義型人事労務管理制度を踏まえて、大学における教員評価制度の導入の留意点として以下の3点を挙げています。

①導入する教員評価システムの内容が大学組織の共通目的である教育研究の発展に貢献する（少なくとも矛盾しない）という確信を個々の教員が持てること。

②導入する教員評価システムが個々の教員の個人的利害・欲求に適している（自分の教育研究にとっても有益で役立つ）という確信を持てること。

③導入する教員評価システムの評価基準・手続き（不服申し立てを含む）などがすべて無理なく達成・実行・処理できるという確信を個々の教員が持てること。

このような評価システムを構築するためには、教育業績の評価において、評価者と被評価者（あるいは組織）が十分に対話の機会を持つことが大切になります。対話が成立することで、教育業績の評価が、教育への意識・意欲の向上や業績評価の公正化・公平化につながり、結果として教育の活性化と質の向上をもたらす

ものになるでしょう。 (杉原真晃)

Q51　教育実績

教員表彰制度を大学に定着させたいのですが、そのメリット、デメリットは何でしょうか。

A　教員表彰制度を定着させるためには、教員表彰制度の特徴を把握し、自大学・学部等の事情に合わせて戦略的にデザインする必要があります。日本で実践されているさまざまな教員表彰制度を整理したものを表17に示します。

教員表彰制度には、以下のようなメリットがあります。①個人の教育力向上のためのインセンティブとなる、②教育改善に励む教員が増加する、③組織全体と

表17　日本で実践されている教員表彰制度

対象者	・大学教員（非常勤講師を含まない） ・大学教員（非常勤講師を含む） ・連続受賞、複数回受賞の場合は対象外 ・連続受賞、複数回受賞に関しては条件なし
選出主体および根拠	・学生による投票 ・学生による授業評価アンケート結果 ・一般教員による推薦（自薦含む） ・一般教員による投票 ・選定委員（教員）による投票、合議 ・学生も交えた合議 ・学長、理事、学部長、学科長等による指名、合議
報奨	・給与（基本給、特別給） ・採用・昇進・テニュア取得 ・サバティカル休暇 ・研究費 ・表彰式での表彰 ・称号（ベストティーチャー、グッドティーチャー等） ・賞状、記念品
受賞後の条件	・公開授業（および検討会・懇談会）を行う ・研修、シンポジウムで事例を発表する ・学内学術雑誌やニューズレター等で事例に関する文章を投稿する

して教育への関心の向上のためのインセンティブとなる、④授業を公開したり実践集を作成したりすることで効果的な教育実践が学内で共有・応用されることにより、大学全体としての教育の質の向上が可能となる、⑤教員同士による教育実践に対するピアレビューや相互研鑽の文化が醸成される、⑥社会や学生のニーズに対応する教育、学生の主体的な学びの支援など、組織としての教育理念・目的が広く認知・共有される、⑦教育改革・改善活動の広報に活用できる。

一方で、①評価者による一方向的管理と基準に適合しない教員を排除する文化の形成、②形式化、③学生迎合主義・競争主義・利己主義の蔓延といったデメリットもあります。こうしたデメリットが表出しないように、教員表彰の選出過程やその内容について学内関係者で合意形成を行い、メリットを生み出しているかどうかを恒常的に見直ししていくことが大切でしょう。　　　　　　（杉原真晃）

Q52　　　　　　　　　　　　　　　　　　　　　　　　　　FD担当者

FD担当者になったばかりですが、まずは何から始めたらよいでしょうか。

A　FDを担当することになったので、まずは研修の企画を考えなければならない、と思ったならそれはやや急ぎすぎです。それらが前任者からの引き継ぎ事項であったり、中期計画の下で既に計画化されたりしているのであれば、企画の具体化に着手することも職務の一部ですが、FD担当者がまず始めるべきことは、①FDの目的・目標を確認し、②組織の現状を確認し、③FDの内容を考えることの3つです。

まずは、①FDの目的・目標の確認です。もし、学内でFDに関する定義や規定等（FDのポリシー）があるなら、それを確認しましょう。これらが未整備であったり、見直しの時期にあったりするなら、組織内でFDの定義や目標設定の合意形成を行うこと自体が重要なFDになります。何のためにFDを行うのか、この確認なしには何も始められません。

FDの目的・目標を確認したら、次に②組織の現状を確認します。組織の現状を知るには、組織内の情報と組織外の情報の2種類の情報が有益です。組織内か

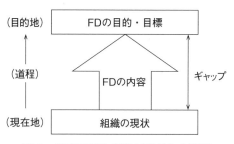

図4 教育目標と組織の現状との関係

らは、自己点検・評価、授業アンケート、教育改善プロジェクトの報告書等から組織の実態を、組織外からは、教育政策に関する文書等から組織を取り巻く環境を把握します。この際に、組織内のFDニーズの把握もできるとよいでしょう。

こうして目的・目標と組織の現状が理解できると、その間には埋めるべきギャップがあるはずです。このギャップを埋めるために最初にするべき作業は何かという問いは、③FDの内容を考え、どのような内容のFDからまず行うかということと同義です。

FD担当者として何から始めるかを決めるためには、目的・目標が組織内の構成員間で合意されていたり、構成員間で組織の現状の問題が共有されていたりするなど、組織的な条件が整備されている必要があります。FDが個人のみならず組織的な取り組みでなければならない理由はここにあります。まずは自らの所属する組織を正しく理解することから、FDを始めるとよいでしょう。

(中島英博)

Q53　FD担当者

FD担当者の役割と業務の範囲はどのようなものでしょうか。

A　FD担当者の役割と業務の範囲は、各機関のFDの目的によって異なりますが、教育・学習の効果的実施を進めることをその主要な役割とす

ることに異論はないでしょう。では具体的にどのような役割が想定されるのでしょうか。

　佐藤（2008）は、専仕としてFD業務を担う専門家であるファカルティ・ディベロッパー（FDer）の役割（機能）として以下の4つを挙げています。第1は、「研究者」であり、各種アンケートの設計と分析、研修やサービスの効果測定、他大学の事例調査等を行います。第2は、「開発者」であり、教材やカリキュラムの開発を行います。第3は、「設計者」・「講師」・「進行役」であり、各種研修の開発・実施・評価を行います。第4は、「コンサルタント」であり、教員や組織に対するコンサルテーションサービスの提供を行います。これらは、役割であると同時に機能であり、1人のFD担当者が担う場合もありますが、複数のFD担当者が協力して担当する場合もあります。

　このように役割が複数あるため、FD担当者の評価も多面的に行われるべきです。研究者としての業績は、論文や学会発表数で評価されますが、それ以外の業績については、開発した教材・カリキュラム、各種研修プログラム、コンサルテーション、あるいは教育系外部資金の獲得といった成果を量的・質的に評価されるべきです。しかしながら、研究業績以外の業績を評価対象として重視している大学は多くはありません。

　またFD担当者の業務の範囲には、大別して3つのレベルがあります。まずは、教員個人への教授能力開発支援を行うミクロレベルでの取り組み、次に学部・学科等のカリキュラム開発の支援をするミドルレベルでの取り組み、最後に教授・学習支援に焦点をあてた大学全体の組織づくりの支援を行うマクロレベルでの取り組みです。これらに加えて、学生への学習支援を各レベルにおいて行う場合もあります。さらに、FDの定義をより包括的なものにした場合、教員の研究能力やマネジメント能力の開発もその範囲に含まれます。しかし、無限定な業務範囲の拡大は、無責任な業務分担や教職員からの不信感の醸成にもつながる恐れがあります。関係部局との明確な業務分担が必要です。

　多くの大学において、学部教員が、兼任のFD委員としてFDを担当しています。こうした教員が、通常の業務に加えて、これまで述べてきた役割をすべて遂行することは困難でしょう。役割の一部をこなすにしても学部での教育・管理業務を削減したり、通常の委員会業務より長期に関与してもらったりするなどの特別な措置が必要となります。それがなされないままに、他の委員会と同様の待遇

とした場合、年に数回の研修を企画・実施することもままなりません。成果を生み出すために必要な、継続的で体系的なFDを期待することはできないでしょう。

(佐藤浩章)

Q54　FD担当者

所属学部のFD担当委員になりました。教育学の専門家ではないのですが、FDを担当できるのでしょうか。

A　FD担当者の出身の専門分野はさまざまで、必ずしも教育学の専門家ばかりではありません。FD担当者の多くが異なる専門分野を持ったまま、さまざまな事情で業務を行っています。FDに古くから取り組んできたアメリカやイギリスにおいても、FD担当者のキャリアパスが明確になっているわけではなく、FD担当者の専門性やアイデンティティは論点の1つとなっています（佐藤、2010）。

　所属学部のFDを担当するという点では、その学部をどれだけ理解しているかが大切です。当該学部の教育方針、教員の特性、学生の問題点等、同じ大学内でも学部によって事情が異なる場合が多々あります。カリキュラム改革や授業評価アンケート、教授法に関するFDについて、所属学部の特性と照らし合わせて、最適な実施方法を考えます。それはどのような効果をもたらすのか、実施するには学部の教員にどうやって話を持っていけばいいのか、自分の学部の問題点を解消するには何が必要なのかを考え、実践するのが、学部に所属するFD担当者の重要な役割です。

　社会からの大学教育に対する要求が、教員の授業改善から、大学教育全体による質保証へと拡大していく中で、大学教員に求められるFDも多様化し、FD担当者の業務はますます増えています。学部のFD担当者に現場で求められる能力とは、一般的なFDを学部の文脈に合わせて調整することができる能力であり、自身の教育経験や学内での人脈が有力な武器となります。

　まずは仲間を見つけることから始めましょう。国内には、地域のFDネットワークやコンソーシアムなどがいくつもあり、そうした組織が主催するイベントが

頻繁に開催されています。自大学が存在している地域のみならず、他地域のネットワークのイベントにも参加して、教育学以外の専門分野を持つFD担当者と意見交換をしてみましょう。他大学の抱えているさまざまな問題や、多種多様な専門分野のFD担当者の意見を知ることは、視野を広げる機会となります。学外で仲間が見つかったら、次は学部内の教員に見聞きしたことを話して、賛同者を見つけましょう。学部内に仲間を見つけることができ、学部内の問題に対する悩みを相談することができることは、FDを進めていく上で、大きな支えになるはずです。

(勝野（松本）喜以子)

Q55　　　　　　　　　　　　　　　　　　　　　　　　　　FD担当者

FD担当者に求められる能力や性格特性とはどのようなものでしょうか。

A　FDは、他の専門分野に比較して、より多様な専門分野を持つ人材が集まる領域です。その理由は、FDの対象となる大学ならびに大学教員が多様な専門分野を持っているからです。とは言えFD担当者には、効果的に業務を進めるために、身につけておくことが推奨される能力があります。以下、知識・技能・態度に分けて説明します。

シュルマン (Shulman, 1987) は、教員が持つべき知識を、「教える方法に関する知識 (Pedagogical Knowledge：PK)」、「教える内容に関する知識 (Content Knowledge：CK)」、「教える方法と内容に関する知識 (Pedagogical Content Knowledge：PCK)」の3つに分け、教員がPCKをつくり上げることの重要性を指摘しています。PCKには、特定の内容をどのような順番で、どのような方法で教えれば効果的なのかといった知識が含まれます。

これをFDに応用すれば、学部教員や管理者がFD担当者に期待しているのは高等教育における教授法に関する知識、つまりPKです。具体的には、ミクロレベルのFDでは、教育・学習心理学、インストラクショナルデザイン、教育工学、教育方法学、成人学習論、ミドルレベルのFDでは、それらに加えて、カリキュラム論、教育社会学、成人学習論、高等教育学が挙げられます。マクロレベルの

FDでは、さらに経営学や組織論も必要でしょう（佐藤、2008）。

　FD担当者の仕事は、こうしたPKを、各教員や学部の持つCKに応用して、彼らがPCKを習得する支援をすることです。この点は非常に重要な点です。つまりFD担当者はPKの専門家であり、各教員が持つCKについてはあくまで素人だということです。境界線が明確であること、つまりFD担当者は各教員のCKには立ち入らないという暗黙の合意は、各教員と良好な関係を築く要素にもなりますが、相互理解の限界を生じさせる要素にもなります。一方、今後FD担当者の数が増え、機能分化が進むにつれ、PKと特定分野のCKを兼ね備えたFD担当者が誕生していくことも予想されます。しかしこのことは既に述べたことの裏返しであり、相互理解の可能性と限界を合わせ持っています。

　FDは個人や組織を変容させることを目的とした活動であることから、FD担当者は、知識のみならず、技能や態度を身につけることでより効果的に活動を進めることができます。技能としては、教育技法、コンサルティング・スキル、ファシリテーションスキル（会議等での議事進行技法）、教材開発力等が備わっていると、説得力が高くなり、効率的に対象に関与することができます。態度としては、ニートさ（身なりや言動のきちんとしていること）、誠実さ、前向きさ、社交性、ストレス耐性等、が備わっていると信頼を確保することができるでしょう（佐藤、2008）。しかし何より求められる態度は、人のために役立ちたいというホスピタリティでしょう。これがなければFD担当者が、さまざまな困難を抱えながらも仕事をやり続けることはできないでしょう。

　これらの能力を、各大学や学部の状況においてどのように活用すると効果的なのかは、まさにFD担当者が兼ね備えるべきPCKですが、いまだ各個人の実践知に埋もれたままです。今後のFD研究の課題の1つとして、明らかにされることが期待されます。

　また、ここで示した能力をすべて兼ね備えたFD担当者を想定することは非現実的です。学内には複数のFD担当者を配置し、それぞれの強みを活かして働くことができる組織を作ることが望ましいでしょう。　　　　　　　　　（佐藤浩章）

Q56 FD担当者

FD担当者の能力開発の方法にはどのようなものがありますか。

A　FD担当者に求められるすべての能力を開発する方法を挙げることはできません。また、そもそもそれらの能力がすべて開発可能なものであるのかについても議論があるところです。ただし、いくつかの能力、特に基本的な知識やスキルについては、体系的に学ぶことが可能でしょう。応用的な能力については、OJT（On-the-Job Training）によって、つまり現場での経験から学ぶことの方が多いでしょう。

　まず、FDに関わる専門知識、たとえば学習論や教育方法学等、実践的な知識から高等教育政策や改革動向などの社会的な知識まで、それらの多くは教育学分野の大学院において体系的に学ぶことができます。大学教育センターの専任教員となっている人の多くがそうした大学院教育を修了しています。これらの知識については、先行研究の文献も数多く出版されており、自己啓発として独学で補うことも可能でしょう。さらに、最新の大学教育に関する情報や知見を得る手立てとして、大学教育学会や日本高等教育学会をはじめとする関連学会の大会に参加することが挙げられます。

　しかしながら、こうした知識や情報を実際の業務の中で適用する能力については、日本のFD担当者の多くは、自分自身がFDセミナーやワークショップ、その他プロジェクトを実行するなど、実践の中で試行しては省察するということをくり返しながら修得している状況です。また、それぞれの大学の文化や文脈についての理解や人脈という手段なしに適用することは困難です。よって、FD担当者としての実践的な能力は、実際にその仕事について初めて開発の機会を得ることができる、とも言えます。

　実践に関わる知識が体系化されていないという状況は、別な観点から言えば、FD担当者同士で、知識を共同開発したり、共同学習をしたりする機会が多く存在しているということでもあります。他のFD担当者が主催するセミナーやワークショップに参加したり、自分が主催したものを観察してもらったり、FD担当

者同士で、実践上の困難やその乗り越え方等の経験および知見を共有しながら学習し合うことが可能です。特に、FD 担当者として必要とされる態度や姿勢の修得には、優れた FD 担当者をロールモデルとして参考にすることが役立つでしょう。

　FD 担当者の専門職団体も、さまざまなセミナーやワークショップを実施しており、大学教職員に参加の機会を開いています。近年では、日本においても FD 担当者向けの研修が開催されるようになりました（愛媛大学・日本高等教育開発協会・大学コンソーシアム京都によるファカルティ・ディベロッパー養成講座、大学コンソーシアム京都による京都 FDer 塾、等）。

　また、ワークショップ等での進行、参加者の意見の引き出しや集約などに必要なファシリテーションのスキルや、教員からの相談、アドバイスに必要なコンサルテーションのスキルなどの汎用的なスキルについては、コンサルタント系の民間企業や NPO が主催する教育担当者向けセミナー（T 3：Train The Trainer 研修）やワークショップに参加して修得することができます。

　ただし、こうしたスキルは実際に使ってみて身についていくものであり、企業と大学では状況も異なるので、大学において多くの実践を経験することが推奨されます。もし将来 FD 担当者になりたいと思っているのであれば、モデルとしている FD 担当者の手伝いをして、擬似的にその実践を体験することも効果的な方法でしょう。
（加藤かおり）

Q57　　　　　　　　　　　　　　　　　　　　　　　　　　　　FD担当者

ファカルティ・ディベロッパーという言葉をよく聞きますが、どのようにしたらなれるのでしょうか。

A　　ファカルティ・ディベロッパー（FDer）とは、FD 担当者の中でも、兼任ではなく専任でこの業務を担う専門家のことです。具体的には以下のように説明されています。「集合研修の講師、個別教員に対する授業コンサルテーション、カリキュラム開発等の業務を行う。教授・学習支援センター等の組織に所属している。教員の場合と職員の場合があり、前者は授業を担当するがそ

の科目数は一般教員に比較して少ない。後者は授業を担当せずに教育支援の業務を行うが、修士号以上を持つ専門職として位置づけられている」(中央教育審議会大学教育分科会制度・教育部会、2008)。学生向けの授業担当コマ数の違いや教職員向けの研修業務の有無といった点で、学部に所属する教員とは異なる業務を担当していると言えます。

諸外国の事例を見ると、同様の業務を行っている者の名称としては、スタッフ・ディベロッパー、アカデミック・ディベロッパー、エデュケーショナル・ディベロッパー、教育コンサルタント等があります。

これらの用語は、国や大学の置かれた文脈や歴史的背景によって、戦略的に使い分けられています。「ファカルティ」や「スタッフ」という用語を使用した場合、教職員を対象とした職業能力開発という意味合いが強くなります。この場合、対象者からの抵抗は強く、またカリキュラムや組織に対する開発という視点が抜け落ちることがあります。そこで、最近では、教育開発(Educational Development)、研究や管理運営業務を含めた学術的活動総体の開発(Academic Development)といった用語が使われつつあります。しかしながら、こうした動向は、FDerの業務範囲を拡大させ、専門性や立場を曖昧なものにすることにもなります。

諸外国では全国レベルでのFDerの専門職団体があることも多く、事例共有・相互研修・成果検証をとおして、専門性と存在意義を高める能力開発に取り組んでいます。FDerとしての専門性を定義し、資格化を進めている団体もあります。

日本の大学には、FDerはどのくらい存在しているのでしょう。文部科学省が実施した調査によれば、自大学の常勤の教職員を「FDに関する専門家(ファカルティ・ディベロッパー)」として活用している大学は190校(国立大学47校、公立大学17校、私立大学126校)です(文部科学省高等教育局大学振興課大学改革推進室、2014)。「外部の専門家を必要に応じて活用(研修会講師として招く場合を含む)」している大学が411校あるのに比べれば、FDerを配置している大学は少ないですが、4分の1の大学にFDerが配置されていることになります。しかし、ここで言う「FDに関する専門家(ファカルティ・ディベロッパー)」が、専任なのか、兼任なのかは明らかにされていません。

国立教育政策研究所(2006)によれば、大学教育センター等を設置している大学のうち、専任の教員を配置している大学は6割程度となっています。その多く

は国立大学で、多くの場合、配置数は1、2名であり、学部に配置されている教員と比べると圧倒的に少数となっています。私立大学にも同様のセンターが設立されていますが、専任教員を置いているところは少なく、一般的には教育担当副学長（理事）や学部教員がFDを担当しています。また教員だけでなく職員が関与していることもあります。このため、大学教育センターを立ち上げても、優れたFDerを確保するのは大変難しい状況にあります。また現在、FDerを育成することを教育目的として掲げている教育機関（大学院を含む）は存在しておらず、安定的に供給されるシステムもありません。

　FDerへの入職パターンは複数あります。第1に、大学院を修了して大学教育センターの教員として採用されるパターンです。教育学や心理学を専攻にしている場合が多く、業務と直接関連のある専門性を持っていますが、組織に不案内であることや概して若手であることから、活動に限界もあります。第2に、学部教員からセンター教員に所属を変更するパターンです。この場合、学部教員としての勤務年数がありますので、組織や大学教員の業務を熟知していることが多く、学内における調整業務などに長けています。第3に、大学職員からセンターの教員に転職するパターンです。この場合、大学職員として勤務している間に修士や博士の学位を取得していることが多いです。異動の多い大学職員とは違い、センターの教員になれば、一貫して自らの専門分野に関わる研究や実践に携わることが可能であり、その点が転職の魅力になっているようです。　　　　　　　（佐藤浩章）

Q58   FD担当者

日本においてファカルティ・ディベロッパーにはどのようなことが期待されているのでしょうか。

A　ファカルティ・ディベロッパー（FDer）への期待は、ただ単にFDという業務の担当者に対するものではありません。今日の大きな社会変化を背景とした大学教育の構造的な変化を受けとめて、大学教育改善を着実に導いていくことが期待されているのです。今日、大学教育改善のうねりは、授業レベルの研修にとどまらず、カリキュラム・レベル、さらには教育に焦点を当てた

組織開発等のシステム的な教育開発におよんでいます。

　2012年に出された中央教育審議会答申では、学士課程教育の質的転換を図るために必要な改革方策として、大学には「専門家（ファカルティ・ディベロッパー）の養成や確保、活用を図る」こと、大学支援組織には「ファカルティ・ディベロッパーや教育課程の専門スタッフの養成・研修」、文部科学省には「各大学における教学システムの確立に不可欠なファカルティ・ディベロッパー（中略）の養成や確保・活用のために、拠点形成や大学間の連携の在り方等に関する調査研究」を期待すると記述されており、答申としては初めてFDerの存在ならびに必要性について言及されました（中央教育審議会、2012a）。

　こうした期待がある一方で、日本においてFDerの組織化は遅れているのが実態です。欧米では、FDerという職は早くから確立されていました。FD担当者の専門家団体も長い実績を積み上げており、アメリカのPOD (The Professional and Organizational Development Network in Higher Education) が設立されたのは1974年、イギリスのSEDA (The Staff and Educational Development Association) が設立されたのは1993年のことです。これらの専門団体の国際的な連合組織としてICED (The International Consortium for Educational Development) が1993年に設立され、世界レベルで高等教育における教育開発ならびにアカデミック開発を促進するために活動しています。ICEDには24カ国が加盟しています（2016年現在）。日本では、2009年に日本高等教育開発協会が誕生しました。

　このような専門家団体においては、教材やプログラムの共有・共同開発、講師交換、共同調査、相互評価による専門性向上、共感による精神面での支援が行われており、FDerにとっての能力開発の場となっています。こうした組織ができることで、新規のFDerの確保、育成も継続的に行えるようになりつつあります。

　一方、FDerの学内での地位が不安定であることも指摘されています。多くのFDerは、任期つきで雇用されており、先行きの見えない中で仕事をしています。学部に所属する教員でもなく、職員でもないという、新しいポジションに属するFDerをどのように位置づけていけばよいのかについては、FDer自身の問題であると同時に、管理職や政策担当者が考えるべき問題でもあります。

（川島啓二）

Q59 管理職

管理職へのFDはどのように実施すればよいでしょうか。

A 管理職へのFDで扱うべき内容は、教学系の大学管理職としての専門的な知識の獲得とリーダーシップ開発の大きく2つに分けられます。しかし、特に後者に関するFDは日本ではまだ十分に発達しておらず、今後の課題であると言えます。この点については、諸外国の事例が参考になります。たとえば、米国や英国では管理職を対象とした集合研修が多数あります（夏目編、2013）。それらの特徴をまとめると、①管理職の経験を他者とともに振り返り、自分なりの経営理論を構築する、②ケーススタディを行い、意思決定の幅を広げ、将来の意思決定に備える、③同業者とのネットワークをつくり、よき相談相手に出会うという3点にまとめられます。

これらを参考にして、同様の取り組みを日本で行うことができるでしょう。たとえば、外国で開発されたケース教材を用いて、学内で管理職向けのセミナーを企画できます。また、国公私立大学の各協会や地域のコンソーシアムが主催する管理職向けのセミナーを積極的に紹介したり、自らそのようなセミナーを企画したりすることで、自大学の管理職が学外の管理職と知り合う機会を作ってもよいでしょう。また、管理職経験者や名誉教授にメンターになってもらい、現役の管理職の個別の相談相手になってもらう制度を構築するという方法もあります。

一方、教学系大学管理職としての専門的な知識の獲得も必要です。ただし、実際の管理職は出席する会議が多く多忙であることや、学内の管理職は少数であることから頻繁にセミナーを行うことは現実的とは言えません。そこで、管理職のFDは日常に埋め込むとよいでしょう。管理職になると、自己点検・評価報告書の取りまとめを行う、申請した外部資金審査のヒアリングに出席する、学生からの苦情に対応する、さまざまな1次データを閲覧する、学外からの訪問者と会うなど、多様な仕事に直面します。これらの業務を貴重なFDの機会と捉えてみます。たとえば、認証評価の歴史を1枚にまとめたガイドを渡す、最近の答申のポイントを簡潔にまとめたガイドを渡す、近年の学生の学習志向を調査した結果を

渡すなど、管理職が仕事を通じて学ぶための支援を行います。これらは、FD担当者が学内で実施できる管理職向けFDと言えるでしょう。

　FD担当者が管理職と行動を共にすることが少ない場合、そうした支援が困難になります。その場合は、秘書室長や事務長等、管理職を補佐する職員を支援します。管理職の経験者の多くが、「想像以上に孤独な仕事だ」と口にし、自身を補佐する職員の協力を頼りにしています。また、管理職を補佐する職員の多くも、直面する業務に意味づけができなかったり、FDとしての意義を十分に説明できなかったりしています。こうした職員を支援することもFD担当者の大事な仕事です。

(中島英博)

Q60　　　　　　　　　　　　　　　　　　　　　　　　　　管理職

管理職にはFDに対してどのように関わってもらえばよいでしょうか。

A　管理職のFDへの関わりを考える前提として、FD担当者自身が、管理職はFDに関して責任を負っていることを確認しておきましょう。大学設置基準においてFDの実施が求められており、またFDが認証評価の観点でもある以上、組織としてFDに取り組むことをリードすることは管理職の職務です。具体的には、FDを実施する仕組みや組織をつくり、実施のモニタリングと実施後の評価を行い、質的向上を図ること、そのために適切に権限を行使しながら物的・人的・財政的支援を行うことが職務となります。

　それらに加えて、管理職は、FDを他人事にせず、自ら率先して模範的かつ熱心に取り組むべきです。これは、管理職が組織内で持つ影響力と関係があります。管理職は組織の象徴（シンボル）としての役割があります。その管理職が「私は退職まで時間も残されていないし、授業改善もできないが、若い皆さんにはFDに頑張って取り組んでほしい」といった発言をすると、構成員はFDに積極的に関与しなくなります。FDの場面で挨拶だけをして退席するのではなく、冒頭から最後まで参加し、講師に質問をする、グループワークがある場合は結果を自ら発表する等の言動を管理職自らが見せると、FDに対する学内の雰囲気は大きく

変わります。

　また、管理職は、教員とは異なり一定の権限を持っています。そのため、教員に褒賞を与えたり、FDに積極的な部局に予算をつけたりするなどの報酬力を用いて構成員を動かすことができます。あるいは、研修への義務づけやFDに積極的でない部局の予算を削減するという、強制力を持ったやり方で構成員を動かすこともできます。少なくとも、こうした権限を活用するという選択肢があるということをFD担当者は理解しておくことが重要です。

　これらに加えて、管理職は大学の方針やFDの重要性を学内に伝える責任者でもあります。取り組みの意義や意味づけを行うのが管理職だけでは難しい場合、FD担当者がその支援を行います。情報をコンパクトに整理した資料を用意したり、スピーチ原稿の下書きをする等の支援が可能です。管理職がFDの意義を自らの言葉で発信できるようになると、構成員は管理職の持つ専門的な知識に敬意を払い、取り組みへの熱意を理解するため、FDに対する構成員の納得感を引き出しやすくなります（French & Raven、1959）。　　　　　　　　　　（中島英博）

Q61　　　　　　　　　　　　　　　　　　　　　　　　　　　　　　管理職

FDに対する管理職のニーズと現場教員のニーズが異なる場合、どちらを優先すべきでしょうか。

A　はじめに、FDのニーズには、管理職からのトップダウン的なニーズと、現場からのボトムアップ的なニーズの2つがあることを確認しましょう。管理職のニーズは外発的で未来の課題への対応を志向するのに対し、現場のニーズは内発的で現在の課題の解決を志向する傾向があり、FDのニーズが双方で一致しないことがあります。ケースとしては、①管理職はFDに取り組むべきだ考えているが、教員にはその必要性や意義が十分に理解されていない、②管理職は教員のFDへの参加率が100％になることを求めているが、教員は参加者が少数であっても質の高い議論をすることこそがFDであると考えている、といったものが考えられます。

　①は、管理職と教員の間で、FDの目的や意味づけに齟齬があることが原因で

す。たとえば、これまでにシラバス、オフィスアワー、セメスター制、GPA、キャップ制、授業時間外学習、ナンバリング、学生調査、アクティブラーニング、IRなど、政策的な誘導によって導入された仕組みが多数あります。管理職は、大学評価対応や補助金申請をするためには、これらの導入が必要であることを理解していますが、そうした状況を理解していない教員も多くいます。それが軋轢の原因となります。

②は、両者の間で、FDの成果に対する考え方について齟齬があることが原因です。管理職が報告書に掲載する根拠資料にとらわれすぎると、FDの取り組みを形骸化させてしまい、結果として教員の主体的な参加が引き出せなくなります。一方で、参加者数が少なすぎると、社会に対する説明責任をはたすことができません。

両者に共通する問題は、FDの目的や意味づけ、FDの成果に対する考え方について、管理職・教員間で共通した理解が欠けているという点にあります。

FD担当者は、管理職がFDの目的や意味づけを、政策の要請というだけではなく、教員に納得してもらえるように、学生や保護者、社会のニーズへの対応、あるいは教育・学習の質向上という視点からも説明できるように支援するとよいでしょう。

一方で、FD担当者は教職員が持っているFDニーズを管理職に伝えます。大学教員は、管理職に対して「教える内容を自律的に決定できること」「オープンで礼儀正しい雰囲気でのコミュニケーション」「自分の声が重視され反映される参画実感」「教育の改善は、教員への直接的働きかけでなく、ヒト・モノ・カネの支援を通じて行うこと」等を望んでいます（McCaffery、2010）。

どちらのFDニーズを優先すべきかというよりも、両者のニーズを尊重するために、FD担当者には、双方が使用している言語を翻訳し、両者をつないでいくことが求められます。

（中島英博）

Q62

職員

大学教育センター担当の職員の役割とはどのようなものでしょうか。

A　一昔前なら、FDを担当する職員の役割とは教員が行うFD活動の支援でした。しかし、最近のFDの動向を見ると、授業改善だけではなくカリキュラムの体系化や単位制度の実質化など、職員が教員と協働して取り組まなければならない課題が多く見受けられます（中央教育審議会、2008）。

　まず、ミクロレベルのFDにおいては、たとえば授業アンケートであれば、実施だけを担うのではなく、その結果をデータとして整理して教員に提供することができます。また、教授法開発に関する研修を企画する際にも、その広報や資料印刷といった運営補助だけでなく、所属大学のニーズを踏まえた研修を教員に提案し共に設計することもできます。日本の大学においても、教育学等の専門性を備えた職員が、教員の授業運営の支援をしている事例が生まれています。

　次に、カリキュラム改革やポリシーの策定と言ったミドルレベルのFDではさらに職員の活躍できる領域が広がります。ミドルレベルのFDでは、教育研究に精通し教育現場を熟知している教員と、大学の財務状況や大学運営を詳細に把握している職員の両者の視点で改革を進めることが成功の鍵となります。幅広い視野で全体を俯瞰しながら改革の方向性を見極めることも職員が得意とすることでしょう。

　そして、マクロレベルのFDにおいては、大学執行部と協働しながら組織改革に携わることとなります。その場合、どのような組織体制がFD推進に望ましいのか、実務的視点からの提案ができます。大学によっては、ミクロレベルよりも、ミドルレベルやマクロレベルのFDの方が、職員が活躍できる場面が増えるかもしれません。

　このように、教員と職員がともに関与する「教職協働」がFDの絶対条件となる時代において職員に求められることは、高等教育政策の動向に目を向け大学が進むべき方向を俯瞰しておくこと、自大学以外の多様なFDの取り組みを見聞きしながら事例を蓄えておくこと、自大学の財務状況も視野に入れ効果的なFDを

意識して進めることです。そして何より、FDを担当する職員には、学内のさまざまな教員と協働できるコミュニケーション能力が求められるでしょう。

(平井孝典)

Q63

職員

職員がFDに関わろうとしてくれない場合、どのように働きかけたらよいでしょうか。

A　山本（2013）によれば、教員も職員も「相手方の伝統領域と思われる業務に、自らの参画を求め」る傾向があるようです。したがって、個人的にFDに関心を寄せる職員は多く存在するはずです。しかしながら、「FDは教員がするものだ」と考え、FDに関わろうとしない職員もいます。職員のFDへの関与を考えるにあたっては、個人レベルではなく、組織レベルで考える必要があります。

　まず、職員がFDに関わらない理由は何か、FDに関わることのメリットは何かについて考えます。前者については、学内制度や教職員の意識において障壁となるものを考えます。また、後者については、職員の特性（例：規程に基づいて行動する、規程や学内事情に精通している）を踏まえて、職員がFDに関与することのメリットを考えます（中井・上西編、2012）。

　職員がFDに関与しやすくするためのアプローチとしては、①現状の体制や意識を変える、②現状で関与可能な方法を示す、の2つが挙げられます。

　①には、事務組織の業務分掌や学内の規程に、職員のFDへの関与を明記する方法があります。例えば、職員が教授会の構成員となり、学部長補佐として学部運営に関与できるように規程を整備した大学があります。規程ではなくても、内規や申し合わせ等の文書を作成することによって、本務としてFDに関与する仕組みをつくることができます（藤波、2014）。

　ただし、このような体制を整備しただけでは、実質的に機能しない場合もあります。実質的に機能させるためには、職員が組織におけるFDの目的・目標や理念、そして職員に求められている役割を理解する必要があります（中原、2011）。

職員のFDへの関与が機能している大学では、FD担当教職員が空間と経験を共有する仕組みを設けていることが多いようです。具体的には、教職員が同じ部屋で業務や打ち合わせを行う、会議においては対等に意見を出して議論を行う、一緒に学会参加・発表や他大学の視察等を行う、などといったものです。

　また、体制や意識を変えることが難しい場合、②のアプローチも合わせて考えます。職員の日常業務や経験と関連の深い内容であれば、職員がFDに関与する可能性は広がります。たとえば、教育・学習支援に関する学内サービスにはどのようなものがあるか、所属機関にはどのような学生・教職員がいるのかについては、教員に比較して職員の方が詳細に把握しています。職員が業務をとおして得られる情報は、教員にとっては新鮮なものとなります。こうした情報を積極的に教員に提供していきましょう。たとえば、新任教員研修の場で学内サービスに関する説明を行ったり、教員からよく受ける質問をFAQ集にまとめて公開したりする、ということもできるでしょう。

(竹中喜一)

Q64　　　　　　　　　　　　　　　　　　　　　　　　　　　　　学生

学生にFDに参加してもらう場合、どのような方法がありますか。

A　よい大学の条件は、さまざまな場面で教員のみならず職員が活躍し、学生の活動が活発であることです。このような大学では「教職協働」と「学生参画」が定着していることが多いようです。

　学生同士（ピア）が専門性を持つ教職員の指導のもと、仲間同士で援助し、学び合う業務に従事する仕組みを「ピア・サポート」と呼びます (Carr, 1981)。1960年代にアメリカやカナダで始まり、日本ではいわゆる「廣中レポート」（文部省高等教育局、2000）を契機に広まりました。近年、初年次教育で上級生が新入生を支援するピア・リーダーや、通常の授業でその授業の優秀修了者が次の受講生を支援するステューデント・アシスタントの制度を持つ大学が多くなりました。彼らは総称してピア・サポーターと呼ばれます。本来、ピア・サポートはFDやSDとは無関係の概念ですが、教職員の指導のもと、学習支援や業務に従事する

ことを通して、学生を広い意味での教育改革に関わらせることが可能です。

　ピア・サポーターには3つのメリットがあると言われます。1つ目は当然ながら「支援される側の学生の喜びと成長」、2つ目はピア・サポーター自身の原動力につながる「支援する側の学生の喜びと成長」、3つ目は意外ですが「教職員の喜びと業務の改善」です。

　ピア・サポーターを組織し、研修し、指導し、効果検証を行うのは基本的に職員の役割です。教員が一時的にゼミの学生などを集めてピア・サポーターを育成しても長続きしません。組織の中で継続的にそれらを育み、活躍させる土壌を持っていることが大前提であり、それは職員の関与によって初めて実現します。そして、その活動をとおして職員は学生の成長に寄与し、ともに学ぶ喜びを体験し、結果的に業務の改善が進みます。その意味でピア・サポート制度は教職協働が実現しているところにしか根づかない学生参画の装置だと言えるでしょう（沖、2016）。

　一方、昨今、日本においては学生を教育の質保証やFDそのものにも参画させようという動きが見られ、学生FDスタッフと呼ばれる団体が組織されている大学も増えています。しかし学生FDスタッフは、学生自治会のように全学生の代表性を付与されていないため、大学側に提案や要求をすることが困難な事例も散見されます。ピア・サポーターと同様、教職員の指導のもと、あるいは教職員と連携して専門性を磨き、建設的な提案や要求、あるいは事業の企画・実施をすることがこれらの新しい制度を根づかせる原動力となるでしょう。また、当初より大学のさまざまな事業に協力を要請されて活動する学生業務スタッフという団体も存在します。ピア・サポーターの支援対象はピアですが、これら学生業務スタッフの支援対象は教職員や大学そのものです。このように、今後は、教職員の指導のもと、学内のさまざまな活動に学生の視点を活かして従事する、ピア・サポーター、学生FDスタッフ、学生業務スタッフを包含した「学生スタッフ」というカテゴリーが生まれてくるかもしれません（沖、2015）。これらは、大学の教育、学びの環境、学びの共同体をよくするための教職員と協調した学生の活動であり、欧米においては学生自治会を含めて「学生との連携（partnership with students）」と呼ばれています（Higher Education Academy、2014）。　　　　　（沖裕貴）

Q65　学生

学生による授業コンサルテーションというのは、どのようなものでしょうか。

A　学生による授業コンサルティング（Students Consulting on Teaching）は、アメリカのユタ州にあるブリガムヤング大学とユタバレー大学を中心に開発された、学生参画型の授業改善プログラムです。このプログラムに参加する学生は、プログラム名の単語の頭文字をとって通称「SCOT（スコット）」と呼ばれています。彼らは、大学教育センターが実施するトレーニングプログラムを修了した後、希望する教員に対して授業観察を行い、学生の視点からの授業改善への助言や、授業のビデオ撮影、受講している学生へのインタビューを行います。授業観察を担当するSCOTは、その授業を受講していない学生の中から選ばれるため、より中立的な視点で授業内の情報を収集・提供することが可能となります。ユタバレー大学のSCOTは2008年から活動を開始し、これまでに200名以上の教員にコンサルテーションを実施するとともに、630以上のサービスと授業観察レポートを提供しています。

日本では、帝京大学高等教育開発センターが組織的FD活動の一環として、2011年に初めてこのプログラムを導入しました。プログラム名はアメリカと同じものを使用していますが、その活動は日本の大学の状況に合わせた独自のスタイルがとられています。すなわち、授業コンサルテーションと言うよりも、希望する教員に対して、大学授業に関する訓練を受けた学生が、教員の教授技術や学生の学習に関するより客観的な目線からの情報提供を行い、教員と共同して授業改善に取り組んでいます。

（井上史子）

Q66

組織マネジメント

FDを推進する学内の組織にはどのようなものがあるでしょうか。

A FDを推進する学内の組織としては、学部・研究科のFD委員会、全学的なFD委員会、大学教育センターや教授・学習支援センターといった組織など、実施組織の形態はさまざまあります。

　全学的なFD委員会は、一般的に、学部・研究科から選出された代表者や執行部による被指名者によって委員が構成され、FD活動の企画・立案・運営に当たります。名称は、「委員会」の他、「部会」、「部門」等、多様です。

　これに対して、センターに類する組織としては、「機構」、「推進室」、「企画室」などと呼ばれるものもあり、全学的見地から大学教育の改善に資する研究や研修を担うことを目的としています。専門のスタッフがFDに関する調査研究を行い、学内の教育改善を支援しています。センターを設置するところは国立大学に多く、一部の大規模私立大学にも設置されています。

　これらの組織が併存している大学もあります。また、1つの組織が多層的な構造になっていたり、並列的なワーキンググループを設けたり、複数の組織が連携・協議する場を設けたりする場合もあります。同じような組織に見えても、規程や人員の構成が異なっていると、実際の職務、権限、運営方法も異なります。

　国立教育政策研究所が2005年11月に全国の国公私立大学700校に対して行ったアンケート調査（回収率67.4％）では、大学教育センター等を設置している大学は116大学（有効回答数の24.9％）でした。しかし国立大学法人では文部科学省の後押しもあり、2010年1月時点で80.5％が何らかの形で教育方法改善のためのセンターを設置していると言われています（山田、2010）。

　これらのセンターの名称はさまざまで、大学教育研究センターや高等教育研究センターというオーソドックスなものから高等教育開発センター、学習支援センター、教育・学習イノベーションセンターという新たな活動領域を想起させるものまで幅広くあります。またその役割も、①FDの企画・実施、②全学共通教育の実施・改善、③教育評価（IRを含む）の企画・担当、④学習支援方策の開発・

実施、⑤高大連携の企画・実施、⑥インターンシップ事業の推進、⑦アドミッション活動の担当・展開等、極めて多様で、個々の大学の規模やスタッフの数によって大きな差が見られるものの、これらのセンターが多様な役割を担い、また期待されていることがわかります（国立教育政策研究所、2008）。

　一方、これらのセンターの活動や運営には課題も指摘されています。たとえば上掲の国立教育政策研究所のアンケート調査の自由記述からは、センターの抱える課題として、①各学部と全学的課題とのコミュニケーション、教員と職員との関係、専門的な職員の配置の重要性、②リーダーシップの取り方、③教育改善の効果の明示・共有、④内外の教育力資源の発掘、に関する課題が挙げられています。

　さらにセンターに従事する教職員からは、学内の利害関係の調整や事務作業に時間をとられ、本来の開発や企画・実施に十分なエネルギーを注げない実態や、高等教育開発に関する研究分野が未成熟であるため、自らのアイデンティティが確立できず、学内から教員や研究者としての地位を認められていないという声も聞かれます。

（杉谷祐美子・沖裕貴）

Q67　組織マネジメント

FDのポリシーとはどのようなものでしょうか。

A　FDのポリシーとは、その大学でFDをどのように定義づけ、取り組むのかを明示したものです。FDを中核的に担う大学教育センターのような組織のミッション・ステートメントと対にして語られることもあります。

　FDは既に文部科学省によって定義づけられていますが、2008年4月に改正された大学設置基準では、「授業の内容及び方法の改善を図るための組織的な研修及び研究」と、FDを極めて狭く定義しています。ところが、その直後に出された中央教育審議会答申「学士課程教育の構築に向けて」（2008年12月）では、「FDを単なる授業改善のための研修と狭く解するのではなく、我が国の学士課程教育の改革が目指すもの、各大学が掲げる教育目標を実現することを目的とする、教

員団の職能開発として幅広く捉えていくことが適当である。(中略)教員の個人的・集団的な日常的教育改善の努力を促進・支援し、多様なアプローチを組織的に進めていく必要がある」と書かれており、FDを広く定義しています。このように政策上の定義は明確に定められていないので、その大学でFDをどのように進めるのかを考えるためには、自大学のFDのポリシーを自大学で策定することが極めて重要です。

　昨今、自大学のFDポリシーを策定し、公表するところが増えてきました。それらに含まれるいくつかのキーワードを拾い上げると、FDの目的に関しては「建学の精神や教学理念の実現」「ディプロマ・ポリシーの実現」などが挙げられています。また、どのような活動を指すのかについては、「教育力向上の活動」「学習の質の向上の活動」「すべての日常的な教育改善活動」などが挙げられています。次にFDを誰が担うのかに関しては「教員主体」や「教員組織」に加えて「教職協働」「学生参画」を挙げているところも少なくありません。最後にどのように実施するのかに関しては、「PDCAサイクル」「継続的な活動」などと表現しているところが多いようです。

　FDが義務化されているとは言え、文部科学省の定義に従って取り組むだけであれば、学内の教職員の意欲を高めることもできませんし、効果も限られるでしょう。主体的にFDに取り組むためには、教員、職員、学生が協働して自大学のFDポリシーをつくり上げることが有効です。　　　　　　　　　　　　　(沖裕貴)

Q68　組織マネジメント

FDを展開するに当たって、まずどのような人を巻き込んでいけばよいのでしょうか。

A　FDに誰を巻き込むかは、FDの目的によって異なります。たとえば、授業を改善したいということであれば、授業改善に熱心に取り組んでいる教員を巻き込むことが望ましいでしょう。一方、研究を進展させたいということであれば、高い研究成果を挙げている教員を巻き込むとよいでしょう。それに加えて、外部研究費の申請手続き、研究費の使い方、研究環境の改善などについ

ては、研究支援を担当する職員を巻き込む必要もあります。それ以外にも、学部学科のカリキュラム改革を展開したいということであれば、当該学部・学科の教員や卒業生の受け入れ先企業・行政の関係者を巻き込むことも必要です。このように、何を目的にするかによって巻き込むべき人は変わります。

センゲ（2011）は、小さな点でも大きな変革をもたらすきっかけになるポイントをレバレッジ・ポイントと称しています。巻き込む相手を見つける際には、レバレッジ・ポイントになるような人材を見つけることが将来的な発展につながります。学生からも支持されており、幅広く他の教員と繋がっている教員、組織において要職に就いている教員の中で、協力してくれそうな人を見つけ、働きかけていくのがよいでしょう。

学内の教員をFDに巻き込む機会としては、①FD委員会、②セミナー、研修、授業公開等が挙げられます。①については、FDという目的を共有した教員が集まるので、格好の機会と言えます。また、②については、大学では一般的に開催されているものでしょう。自身の研究を紹介する場、授業改善に関する情報を共有し、手法を実践的に学ぶ場、お互いに授業を見学し合う場等、を立ち上げることができるでしょう。

まずは関心を持っている者が中心になって始め、レバレッジ・ポイントとなる者を見つけて声をかけて巻き込みつつ、徐々に輪を広げていくことが学内のネットワークを構築することにつながります。　　　　　　　　　　　　（小島佐恵子）

Q69　組織マネジメント

教員からFDに対する理解を得るためにはどうしたらよいでしょうか。

A FDに対して、最初から大勢の教員の理解を得ようと期待しすぎない方がよいでしょう。まずは、FD委員会や大学教育センターのFD担当者同士の結束力を固めて、自大学ではどのような進め方をしたらよいかを十分に協議することが大切です。

FD担当者といっても、意識にかなり温度差があるかもしれません。そうした

場合には、FDに後ろ向きな人を見てやる気をなくすのではなく、前向きな人を中心に進めていきましょう。あなたの思いに理解を示してくれる人は必ずいるはずです。たとえば、日常的な付き合いの中で、自然と学生に関する話題が出てくることはないでしょうか。こうしたインフォーマルに教員と話す機会には積極的に参加し仲間を増やしていきましょう。また、研修によく参加している教員に声を掛けてFD担当者に加わってもらいましょう。このようにして、徐々に輪を広げていきましょう。

　学内の理解を得るには、執行部はもとより、管理職の理解と協力を得ることが必要です。委員長やセンター長などの責任ある立場の人に相談して、うまく仕事を配分してもらうようにすることも有効です。

　また、FDの広報も重要です。その際、研修に参加することが懲罰的な意味を持つという誤解を招かないように、あくまでも各教員の支援を行うというメッセージを上手に伝えていくようにしましょう。FD担当者が一方的に指導するといった印象をもたれないように、教員の悩みを共有し、経験豊富なベテラン教員から学ぶ機会をつくるように心がけてください。

　「FDをやっても意味がない」と聞く耳をもたない教員もいるかもしれません。しかし、FD委員会には、そのような教授法や授業の改善に関心がなさそうなメンバーを少なくとも1人か2人選ぶことが望ましいとされています。こうしたメンバーからの意見は、生産的な反論となり、広範囲の層の教員の理解と参加を促す可能性があるからです（ムーニィ、2014）。反発の強い人こそ、一度理解を得られれば、強力な支援者になってくれることも多いのです。　　　（杉谷祐美子）

Q70　組織マネジメント

FDに批判的な教員にどのように対応したらよいでしょうか。

A　FDを批判する教員の存在は、FD担当者にとって頭の痛い問題です。しかし、批判を厄介なものと捉えるのではなく、FDに対する理解を深めてもらったり、活動の幅を広げていったりする契機として利用していくことが

重要です。教員がFDを批判する場合、次のようなケースが考えられます。

　第1に、組織としてFDに取り組む必要性を理解していないケースです。FDが法令上義務化されていることを理解してもらう必要があります。FDや教育改善を進めていくことは、大学の経営戦略にとっても重要です。18歳人口が減少していく中で学生を確保するために、また学生の質が変化する中で教育の質を維持・向上させていくために、教員の能力開発や教授法の改善、カリキュラム改革が求められています。このような内容を、大学の管理職が直接教員に伝えていくことが大切です。FDは、個人としてだけではなく、大学が組織として取り組むべき大切な課題であることを、くり返し伝えていく機会をつくるとよいでしょう。

　第2に、FDの内容が個々の教員のニーズと合致していないケースです。現在のFDの課題として、「一方向的な講義に止まり、必ずしも、個々の教員のニーズに応じた実践的な内容になっておらず、教員の日常的な教育改善の努力を促進・支援するに至っていない」ことが指摘されています（中央教育審議会、2008）。実施しているFDが個々の教員のニーズに合っているのか、コストに見合う効果を上げているのか、見直してみましょう。FDは困っていることを解決する糸口になる、FDによってより効果的な教授法を学べるといった直接的なメリットを教員に感じさせるように変えてみましょう。

　第3に、FDは自分に関係ないと教員が思っているケースです。大学のトップがFDの必要性を訴えたり、FD担当者がよいプログラムを提供したりしても、FDに参加しない教員は必ずいます。このような教員にもFDに関わってもらいたい場合には、個々の教員に合わせてFDの意義を感じてもらえるような工夫をしてみましょう。たとえば、ベテラン教員には、新任教員のFD担当者を依頼してみましょう。新任教員の授業を参観して助言をしたり、自分の授業を新任教員に見せたりすることで、新任教員の成長を感じることができれば、FDは次世代の教員を育成することでもあると意義を実感してもらえるはずです。新任教員の育成に関わることは、ベテラン教員が自身の教育を振り返るよいきっかけにもなります。

　それでもFDに関わらない教員への対応は、FD担当者ではなく、管理職の仕事になります。FD担当者は、まず支援を求めている教員やFDに参加している教員の教育改善を支えていくことを最優先するとよいでしょう。　　　（城間祥子）

Q71 組織マネジメント

うまくコミュニケーションがとれない教員には、どのように接したらよいでしょうか。

A 　恐い教員や変わった教員、寡黙な教員など大学にはいろいろな教員がいますが、話をすることが嫌いな教員は少ないでしょう。むしろ大学の教員には話をすることが好きな人が多いようです。よって、まずはその教員が話をしたくなるような問いを投げかけてみましょう。研究に関することなら時間の許す限り話をしてくれるでしょうし、学生に関することや教育面で苦労していること、自身の教育観を話し出したら止まらない教員もいます。

　その際大切なことは、興味を持って聞くことと、合の手（言語によるもの・非言語によるもの）を入れることでしょう。インタビューのように淡々と質疑応答をするようになってしまうと、お互い息が詰まります。変に格好をつけたり遜ったりせず、自然に屈託なく接していれば、大概の教員は普通に接してくれるでしょう。

　FD担当者に偏見を持っている教員もいます。その場合、FD担当者個人に対する偏見ではなく、FDや管理職、あるいは教育政策に対して偏見を持っていることも多いのです。教員からの壁を感じると、FD担当者も壁をつくってしまいがちですが、方法は違えども、最終目的は学生のためによりよい環境を創っていきたいと考えている者同士であると考えましょう。

　多くの教員が日常的に学生の教育に真摯に取り組んでいます。まじめなFD担当者であるほど、何か改善しなければならないという気持ちから、とかく教員の問題点に焦点を当てがちです。そうした意識や態度が壁をつくっていることもあります。所属機関や教員に対して自分がどういう認識を持っているか、また自分はどのような対人態度傾向を持っているかについて把握しておくことがFD担当者には求められます。

　FDは必要であるという認識を持って仕事をしつつも、一方で、教員の日常性に寄り添い、自身が謙虚な姿勢でいることが、コミュニケーションを円滑にする上で最も重要です。「他者は自己を映す鏡」「過去と他人は変えることができな

い」と言います。教員にどう接するかといった技法的な問題はさほど重要ではなく、自己認識のあり方が実は人間関係に大きな影響を与えているのです。

(山田剛史)

Q72 組織マネジメント

FDに対する教員のニーズの把握をどのように行えばよいのでしょうか。

A FD担当者は、自大学においてどのような教育が展開されているのか、どのような課題や問題点があるのかを適切に把握して活動を展開することが求められます。他の大学でやっていることをそのまま取り入れたりすると、うまくいかないこともあります。その意味で、ニーズの把握はFDの成功の鍵であると言えます。

　FDニーズを把握するための前提として、自大学においてFDとは何を指すのか（FDのポリシー）を定め共有しておくことが重要です。その上で、ニーズ把握を行うための最初の段階として、所属機関の教育・学習環境を知ることが挙げられます。学部・学科の組織構成はもちろん、共通・教養教育や各学部・学科の専門教育カリキュラム、教員養成等の全学的に展開されているプログラム、外部資金によって運営されている教育プログラム等について、その内容や制度を理解し、把握しておくことが求められます。

　その上で取りうるニーズ把握のための方法としては以下の3つが挙げられます。

　第1に、アンケートによるニーズ把握（定量的把握）です。簡便に多くのデータを得ることができる最も一般的な方法です。実施方法は、メールによる送信やアンケート用紙の配付等が挙げられます。研修の事後アンケートの中に「今後、参加してみたいトピックはありますか」という項目を入れることで、簡便にニーズを把握することができます。アンケートではより多くの教員から定量的把握の点で有益なニーズを得ることができますが、一方で高い回答率は期待できないことや、深い質問ができない等の限界もあります。また、質問内容を厳選することも重要です。すべての質問に自由記述で回答してもらうことは、回答負荷を高め

回答率の低下を招きます。そのためにも事前のリサーチと分析を踏まえた項目設定が必要です。

　第2に、ヒアリングによるニーズ把握（定性的把握）です。実際には、上述したアンケートによる方法で概要を把握しつつ、細部に関してヒアリング等の質的調査法を取り入れることが有効でしょう。その際、誰に（Whom）、何を（What）、どのように（How）聞くのかといった戦略を立てて準備することが必要不可欠です。たとえば、ヒアリングの進め方に関しては、構造化の程度に着目すると、構造化、半構造化、非構造化の3種類があります（鈴木、2002）。加えて、事前に質問事項を伝えておいたり、アンケート調査と一緒に実施したりするなど、目的や対象に応じて適宜方法を取捨選択することが求められます。限られた時間に有効な声を引き出し、効果的なFD活動へつなげるためには、質的調査法に関する知識と技術が必要になってきます（メリアム、2004）。

　第3に、ネットワークによる恒常的・日常的なニーズ把握です。これを実施するには、恒常的・日常的に生の声を聞くための場づくりが必要になります。たとえば、学生調査データや教務データの分析からも重要なFDのニーズが抽出できますし、参加教員を情報共有の場（メーリングリストやSNS等）に誘い、ネットワークを構築しておく必要があります。日常的に教育改善について議論できる場に所属することが、生のニーズを把握するために最も適した方法でしょう。

（山田剛史）

Q73　組織マネジメント

FDプログラムの年度計画を立案する際、どのような点に留意したらよいでしょうか。

A　大学教員の業務は年々多忙になりつつあり、半年や1年先まで予定が決まっている教員も少なからずいます。FDプログラムの告知はできるだけ早い時期（最低半年前、望ましいのは1年前）に行いましょう。そのためには、早い段階で翌年度のFDプログラムの年度計画を立てる必要があります。当該年度のFDプログラムについては、前年度の12月から1月頃に確定するのが

望ましいです。その後、パンフレットやウェブサイトでの告知を準備し、年度当初の4月に採用された新任教員に情報を伝えられるようにします。

　計画にあたっては、参加者のニーズにタイムリーに応えるようにしましょう。新学期の授業前には、「第1回目の授業の方法」「クラスルームコントロール」等すぐに使える内容を配置します。シラバス登録時の12月から1月にかけては「シラバスの書き方」、休業期間中には数日間連続して開催される「コースデザイン・ワークショップ」や「ティーチング・ポートフォリオ作成ワークショップ」等を配置していきます。

　基本的な内容や人気の高い内容については、参加できる人を少しでも増やすために、年に数回の研修を計画します。一方で、マンネリ化しないように毎年度、新しいテーマやトピックを扱うプログラムも開講します。広報物には、「New!」と添えるなど、新規のプログラムについては強調します。

　学期開始直後、試験採点期間、入試業務期間に研修を企画することは避けます。参加者が確保できないだけでなく、現場のニーズを把握していないという批判がFD担当者に寄せられることになります。翌年度の行事予定を見ながら、できるだけ参加者が多くなるような時期に研修の企画を入れていきます。　　（細川和仁）

Q74　組織マネジメント

FDを体系化するには、どうしたらよいでしょうか。

A　大学教員の専門的な職業能力開発研修を体系的に開発するためには、専門職能に関わる2つの軸を考慮することが必要です。

　1つ目の軸は、専門職能の内容に関する軸であり、いわば横軸にあたるものです。大学教員の専門職能には、教育、研究、社会貢献、管理運営があります。たとえば、教育における教育職能には、教育を設計する能力や実践する能力等があります。これらの能力の習得や向上を学習目標として、その意図する学習成果の獲得が期待できるようなFDを計画し、実施することが必要です。

　2つ目の軸は、大学教員という専門職のキャリア段階や熟達段階に関する軸で

あり、いわば縦軸にあたるものです。キャリアもしくは職業的熟達の発達段階としては、助教から教授までの職位別の段階、大学における教育歴などの経験量から見る熟達度別の段階、さらには、一般的な授業担当者から教務主任等の教育プログラム調整役、学科長等の教育プログラム管理運営役といった役割別の段階などがあります。大学ごとの教員構成や、役割分担の状況に合わせて、どの段階の教員を支援すべきかを明確にし、それぞれの段階にふさわしい研修を設計し、実施することが必要です。

　FDを体系化するには、これらの2つの軸、すなわち専門職能の内容という横軸と、キャリア段階という縦軸とを組み合わせて表を作成し、そこにこれまで実施した研修を当てはめるとよいでしょう。これによって、これまでのFDではどの内容をどのレベルの対象者に提供してきたのかが明確になります。またこれから実施するべきFDはどのようなものかも明らかになるでしょう。つまり、FDの体系化とは、FDを構造化することと言えるでしょう。

　さて、体系的なFDを構築しようとする時はどこから始めるかを考えましょう。まず着手すべきなのは、最もニーズが高く、投資効果も高い新任教員研修です。新任教員研修については、既に「大学における新任教員研修の基準枠組」(杉原・岡田、2010) が作成され公開されていますので、参考にするとよいでしょう。

(加藤かおり)

Q75　組織マネジメント

FDは必修にした方がよいでしょうか。必修の場合、どのような点に留意したらよいでしょうか。

A　一概にFDに関して必修と選択のどちらがよいかを判断することはできませんが、FDの受講を必修にする大学が増えつつあることは事実です。FDが法令上義務化されて以降、さまざまなFDが行われてきましたが、本当にFDの成果はあがっているのかといった声も耳にします。研修を実施しているだけではなく、何人が参加しているのか、それは教員全数のうち何割程度なのかといった点について問われることも増えています。「本当に研修を受けてほし

い人に受けてもらえない」、「一部の熱心な教員だけが取り組んでいる」、「特に研究業績中心で入職してきた若手教員に研修を受けてもらいたい」といった切実な声も聞こえてきます。

このような中で、愛媛大学では独自の「テニュア・トラック制度」を創設し、2013年から本格的に運用を開始しています。新規採用の若手教員全員をテニュア・トラックに配置し、最初の3年間で合計100時間の能力開発プログラムの受講を義務化するというものです。100時間のプログラムは、教育能力開発、研究能力開発、マネジメント能力開発の3領域で構成されています。

必修研修の場合、受講者の意欲が多様であるという難しさはあります。それでも、受講前には参加に消極的であったにも関わらず、最終的には「将来的に教育に携わる上で知っておくべきことを知ることができてよかった」という感想を述べるようになった事例も少なからずあります。

必修研修の場合、FD担当者は、受講者に対して、研修の受講は義務であると同時に、権利であることを丁寧に説明する必要があります。大学という組織には、教員個人に職務上必要な能力開発の機会を提供する義務があります。研修を受講することは、教員に与えられた権利でもあるのです。　　　　　　　（山田剛史）

Q76　組織マネジメント

他機関と連携してFDを展開することのメリットはどのようなものでしょうか。

A　大学間連携に基づくFDは、文部科学省の高等教育政策の一環として推進されてきました。中央教育審議会答申「我が国の高等教育の将来像」（2005年）や「学士課程教育の構築に向けて」（2008年）は、教職員の職能開発に向けた大学間連携ネットワークの拡大を提言しています。これらの提言を受け、文部科学省は、2008年度から開始した「戦略的大学支援事業」を皮切りに大学間連携を推進するさまざまな施策を行ってきました。そして、これらの施策に基づく支援を背景に、各大学はコンソーシアム等を組織し、大学間連携に基づくFDを整備してきました。大学間連携に基づく代表的なネットワークとして、

四国地区大学教職員能力開発ネットワーク（SPOD）、大学コンソーシアム京都、関西地区 FD 連絡協議会などがあります。

　大学間連携に基づく FD のメリットは、主に 3 つあります（京都大学高等教育研究開発推進センター編、2012）。第 1 は、他大学の取り組みに関する情報共有です。学内の FD では、他大学の具体的な取り組みについて知ることはできません。一方、大学間連携に基づく FD では、他大学の取り組みを知ることをとおして、自大学の FD の長所や改善点を理解できます。

　第 2 は、専門分野別の FD の活性化です。学内では同じ専門分野の教員数は限られており、専門分野に特化した FD を実施するのは困難です。大学間連携に基づく FD では、専門に関する内容をテーマとして設定すれば、他大学の同じ専門分野の教員と分野固有の問題や課題について議論することができます。

　第 3 は、共同実施による資源の省力化です。小規模大学など資源の限られた大学では、FD を組織的に実施することは困難です。たとえば、新任教員が毎年若干名しかいない小規模大学の場合、新任教員研修に多くの労力をかけて長期的に新任教員を支援することは難しいでしょう。また、新任教員が自身の悩みを共有できる同僚も限られます。他大学と連携して新任教員研修を実施することで、より多くの資源を活用した研修を受けることができるだけでなく、人的ネットワークを広げることもできます。

　大学間連携に基づく FD 以外に、受験や教育関連の企業と連携した FD があります。民間企業は大学入学者の属性や受験動向に関する調査だけでなく、現役の大学生を対象にした大規模の独自調査も行っており、FD に活用できる多様なデータを持っています。これらのデータを基に、入学者の獲保や選抜方法、リメディアル教育、アクティブラーニング、学士力の育成に向けた取り組み等に関して研修を実施することもできます。

（小林忠資）

Q77　FDの評価

FDの成果はどのように評価すればよいのでしょうか。

A　FDの成果を評価するためには、FD活動自体の具体的な目標を定め、目標に応じた評価を行うことが重要です。FDの各活動に応じた評価方法については、「FDマップ」（国立教育政策研究所FDer研究会、2009）で提案されています。FDマップでは、プログラムへの参加者数や満足度といった指標が例示されていますが、こうした指標によってのみFDの成果を語るのではなく、各大学・学部における人材養成目的をどの程度達成できたかを指標として設定することにより検証していく必要があります（沖他、2009）。FDを大学教育の組織的改善と捉えるならば、その成果は学生の学習・成長として表れるはずです。

　研修評価の基礎理論として位置づけられ、企業内教育等において使用されることが多いのが、カークパトリックの「4段階評価」です（Kirkpatrick, 1998）。この4段階評価では、効果測定のレベルとして、レベル1（反応）、レベル2（学習）、レベル3（行動）、レベル4（成果）を設定しています。

　レベル1で評価するのは反応です。ここでは受講者に、研修の内容や構成に満足したかを問います。レベル2で評価するのは学習です。ここでは、受講者が教わった内容を学習できたのかどうかを問います。具体的にはテストで知識・技能・態度面で何が変化したのかを問うたり、観察したりすることになります。レベル3で評価するのは行動です。受講者の日常の行動が目標どおりに変化しているかどうかを問います。受講者に対するアンケートや事後観察等による行動変容の事実を明らかにする調査がこれに当たります。レベル4で評価するのは成果です。受講者の変化によって、どのような成果がもたらされたのかが問われます。企業の場合は、売上高・製品の質・コスト削減等がこれに当たりますが、大学の場合は、学生の満足度、目標達成度、入学者の増加等が想定されます。しかしながら、たとえ効果があるという結果が出たとしても、因果関係を特定するのは困難です。

　カークパトリックが述べているように、レベル3と4の評価の実施困難度は高

くなります。なぜならば、レベル1と2の評価は研修直後に実施することが可能ですが、レベル3と4については研修後に時間を置いて追跡調査をしなければならないからです。カークパトリックは、レベル1は必ず問う必要があるが、それ以降のレベルについては、人・時間・予算に合わせて評価すべきであると述べています。

とりわけ大学教員を対象とした研修の場合、その成果を把握するのは困難です。評価することに慣れていても、評価される機会はあまりないのが大学教員です。評価に非協力的な教員も少なからず存在します。FDの成果の評価に関する研究・実践は始まったばかりであり、今後ますます求められると言えます。

(細川和仁)

Q78　FDの評価

学生の学習成果はどのように測定したらよいでしょうか。

A　学生の学習成果と言ってもさまざまなものがあります。山田 (2013b) では、学習成果のアセスメントツールを図5のように整理しています。ここでは3つの方法を紹介します。

1つ目は、最も多く採用されている学生調査を活用する方法です。新たなツールを用いて、主に態度や技能面を中心に、間接的に学習成果を把握する方法です（領域C）。利点として、簡便、低コスト、網羅的に知りたいことを聞ける、統計的な処理によって多角的に分析できるといったことが挙げられます。欠点としては、自己報告式であるため、捉えたい側面を本当に捉えることができているのかといった調査の妥当性や一貫性・安定性など信頼性の問題が挙げられます。ただし、自大学の全体的な特徴を把握することは可能です。効果的な実施時期としては、入口（入学時）、中身（1年終了時や3年終了時）、出口（卒業時や卒業後）の3地点を押さえられるとよいでしょう。

2つ目は、試験や成績に関連したデータを用いる方法です。GPAや単位修得率は、学生の学習成果を測る最も効果的な指標の1つです（領域A）。新たに測

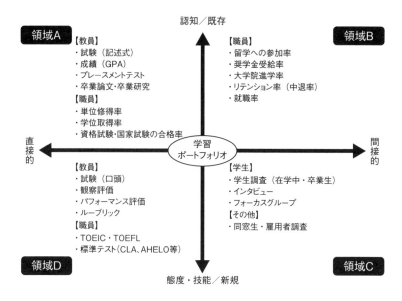

図5　さまざまな学習成果アセスメントツール（山田、2013 b）

定せずとも、日常的にデータベースの中に蓄積されているデータを使うことができます。ただし、そのままでは無機質なデータにすぎません。一定の分析を行うことによって意味ある情報に変換する必要があります。たとえば、入試方式の違いによる入学後の成果の差異、就職内定者の在学時の成果の差異、年度の違いによる成果の差異、特定の教育プログラム（例：初年次教育等）受講の有無によるその他の科目における成果の差異など、他の対象と比較することによって教育改革・改善のための示唆を与えてくれます。

　3つ目は、最近国内外で開発が進められているテストで、直接的に態度や技能を測定する方法です（領域D）。アクティブラーニングに代表される、汎用的能力を育成する教授法の導入に合わせて、認知的領域以外の能力を測定するツールが必要になっています。その1つとして、ルーブリックによる学習成果アセスメントが挙げられます。組織が掲げる学習成果目標をルーブリックとして表現し、特定のパフォーマンス（実験・実習、論述、口頭発表、グループワークなど）から学習成果を捉えるというものです。

(山田剛史)

Q79
FDの評価

新入生、在学生、卒業生などに行った調査は、どのようにFDに活用できるでしょうか。

A　FDに活用できる調査の前提条件としては、調査が明確な目的を持って計画されていること、その目的達成のために適切な項目が盛り込まれていること、一定の対象者数が確保されていることが挙げられます。調査設計については、中井他編（2013）のアンケート調査票のつくり方や山田（2013a）、鈴木（2011）が参考になります。これらの新入生（入口）、在学生（中身）、卒業生（出口）を対象に実施された調査をFDに活用する際には、それぞれ固有の活用ポイントがあります。

　まず、新入生を対象とした調査です。大学での活動が始まっていない段階で調査を行う最大の目的は、「どのような学生が入学してきたのか」を知ることです。いわゆる診断的アセスメントに相当します。主な項目内容としては、入試形態や未履修科目、高校での学習習慣、進学に対する動機や期待することなどが挙げられます。調査を通じて、目的意識の希薄な学生や不本意感を抱いている学生がいること、その一方で知識以外の技能・態度を習得することへの期待・ニーズがあることなど、学生の多様性を知ることができます。こうした入学時の学生の多様性やニーズをFD担当者が押さえておくことによって、リメディアル教育や初年次教育といった組織的な教育プログラムの改善に活用することができます。

　次に、在学生を対象とした調査です。これは、学年を切り口にしたり、教育プログラムを切り口にしたりすることが可能であり、比較的自由度の高い調査になります。どこに焦点を絞るのかは調査の目的によります。初年次教育の効果や大学での適応状態を知りたいのであれば1年生終了時、共通・教養教育の効果を検証するのであれば2年生終了時、カリキュラム全体の成果を把握するのであれば3年もしくは4年終了時といったように、目的に応じて適切な時期に実施します。組織として何を知りたいのか、何を改善したいのか、なぜその必要があると感じているのか。FD担当者はこれらを適切に把握した上で、調査を企画・設計することが求められることもあります。これらを共有しておけば、調査結果を改善の

ために活用することを前提に議論を進めることが可能になるとも言えます。場合によっては、成績等の教務データと関連づけることで、より効果的で説得力のある結果を導き出すことができます。

最後に、卒業生を対象とした調査です。教育成果は遅効性を持つと言われるように、卒業して初めて身についたと実感することも多分にあります。効果的に対象を把握し、一定数のデータを確保するためには、同窓会やキャリアセンターとも情報を共有しておくことが必要です。調査に適した時期は、卒業後1年、3年、5年、10年だと言われます。大学での学びは社会に出てどのように活かされているのか。そこから逆算して現行の大学教育にはどのような問題があり、改善の余地があるのか。これらをデータから分析し、具体的な改善プログラムを開発することもFD担当者に求められることがあります。

このような調査をとおして得られたデータを学内で共有する場をつくることも重要です。全学的なデータに関心を持たない教員も、自学部・学科の学生のデータには関心を持つ場合があります。データを自分のこととして受け取ってもらうことが次の行動変容につながります。

(山田剛史)

Q80　FDの評価

FD担当者はIR部局とどのように連携すればよいでしょうか。

A ここ最近、経営情報分析室、IR推進室・センターと呼ばれる組織が日本の大学に生まれています。こうしたIR（Institutional Research）部局は、教学・研究などさまざまな領域の改革・改善に資するデータを収集・分析するところです。また、IR部局の学内における位置づけは、学長直下の組織の場合もあれば、大学教育センターなど教学改善組織の業務の一部になっている場合もあります。ここでは、教学に関するIRとFD担当者との関係に絞って説明します。

結論から言うと、両者の連携は不可欠だと思われてはいるものの、実際うまく連携できているケースは多くはありません。FDに比べIRは組織体制が整備さ

れていないこと、IR担当者の専門性開発が遅れていることなど課題が多くあります。職員の業務という点でも、改善よりも管理に重きが置かれていることもIRの推進を困難にしています。また、経営や研究分野に比べて、教学分野は数値化しにくいデータを多く含んでいます。しかしながら、そうした教学関連データを分析、解釈できる教職員が少ないという問題もあります。

　効果的な連携の方法としては、第1に、大学教育センターにIRを担当できる機能・人材を配置することです。IR部局が収集する教学データの性質を理解でき、提供されたデータを効果的に分析できるスタッフを確保・育成することは、今後のFD活動の推進にとって不可欠です（山田、2013 c：2014）。

　第2に、FD担当者が、IR部局に対して何が教学上の課題なのか、どのような改革・改善を行おうとしているのかといった情報や方向性を提供・共有することです。両者が方向性を確認しながら、データを分析・解釈し、改革へのストーリーを創造していけば、どのようなデータが必要なのかが浮き彫りになってきます。収集するデータの質によって、改革・改善へのインパクトは大きく異なってきますし、学部・学科からの信頼感にも影響を与えます。そして、FD担当者はそのストーリーを現実のものにするために活動していくことができます。

　このような連携を進めるには、委員会等の会議体で議論していくことも重要ですが、日常的なコミュニケーションをとること、有志によるプロジェクトとして進めることも効果的です。

(山田剛史)

Q81　FDの評価

FD担当者はどのように認証評価に関与したらよいでしょうか。

A　認証評価の際に問われるのは、大学内において教育の内部質保証システムが機能しているかどうかということです。具体的に言えば、大学の自己点検・評価の実質化がなされているかどうかということです。ゆえに、求められるのは、自己点検・評価をとおして適切な教育基準が機能していることと、教育基準を向上させるための能力が備わっていることを、大学が客観的に証明す

ることです。

　大学基準協会の認証評価を例にとれば、自己点検・評価報告書の作成にあたっては、表 18 で示した 10 の評価基準に関して、①現状の説明（PLAN、DO）、②点検・評価（CHECK）、③将来に向けた発展方策（ACTION）の順序で記載することが要求されます。

　これらの項目については、誰が執筆するのかということがよく話題になりますが、書かれた内容と形式をチェックする最終確認者（全体調整者）さえきちんと決めておけば、執筆者は教員でも職員でもかまいません。また、項目によっては、大学全体について記載する箇所と、学部・研究科について個別に記載する箇所に分かれています。後者の場合、学部長や研究科長が単独で執筆することもあれば、学部・研究科の役職者（教務委員長、学生生活委員長など）が分担して執筆することもあります。学部・研究科によっては構成する教職員全員が協同して執筆することもあります。なお、「管理運営・財務」については職員が執筆を担当するのが一般的のようです。

　FD 担当者が積極的に関与できる部分を 3 つのレベル別に整理すると以下のようになります。ミクロレベルの FD は、教授法や指導法の改善について点検・評価されます。当然のことですが、授業を担当する大学の全教員が対象です。ミドルレベルの FD は、カリキュラムのマネジメントや組織運営の改善について点検・評価されます。こちらは教務主任をはじめとする教務事項に関わる教員と学科主任などが議論の構成メンバーとなります。マクロレベルの FD では、大学全体の教育目標と組織形成について点検・評価されます。マクロレベルの FD について議論する場は、学長、副学長、学部長などから構成されます。

　自己点検・評価報告書の構成も、ミクロ・ミドル・マクロの 3 つのレベルに分けて考えることで、今後改善しなければならない問題に気づきやすくなると同時に、それぞれの取り組みにおける責任の所在が明確になります。FD 活動は

表 18　自己点検・評価の評価基準

理念・目的	学生支援
教育研究組織	教育研究等環境
教員・教員組織	社会連携・社会貢献
教育内容・方法・成果	管理運営・財務
学生の受け入れ	内部質保証

PDCAサイクルのCを担い、新たな活動につなげるものです。FD担当者がレベル別に対象者を支援するFD活動を提供することができれば、認証評価の際に慌てなくても済むでしょう。

(菊池重雄)

Q82 さまざまな種類のFD

語学系教員を対象としたFDをどのように進めたらよいでしょうか。

A　語学系の科目の特色の1つとして、非常勤講師を含む複数の教員が同一名称の科目を担当していることが多い点が挙げられます。そこで、ここでは非常勤講師も含めたFDについて考えていきましょう。

　まず、ミクロレベルでは、①授業運営や成績評価の理解と方法を共有することが挙げられます。科目別ファイル（練習問題、課題、配付資料などを差し込めるポケット型クリアブック）をいつでも見ることのできる場所に設置しておきます。年度初めの打ち合わせの場で周知を図ることが大切です。

　②定期的に教授法のノウハウを共有する機会を持つこともよいアイデアです。たとえば、昼休みを利用してランチを食べながら、いろいろな授業活動の報告やディスカッションを行うカジュアルな集まりを企画します。気軽な雰囲気で、非常勤の人たちも楽しく参加できるものがよいでしょう。こうした集まりは、アメリカではサンドイッチを入れてくる紙袋から、ブラウンバッグ・ミーティングと称されています。

　次に、ミドルレベルでは、③大学のディプロマ・ポリシーに沿った教育目標の設定があります。語学教育の教育目標を、大学全体のものと照らし合わせて考えてみましょう。どのような能力が求められるのかをまとめた「CAN-DOリスト」を作成することで、語学力以外の汎用的能力育成の必要性も見えてきます。

　④「学習の手引き」（履修登録方法、カリキュラム、学習・生活支援等々を掲載した学生向け冊子あるいはウェブサイト）や「教員向け授業ハンドブック」の存在を周知し、共有することも効果的です。非常勤講師には年度初めに紹介し、いつでも見られる場所に設置したり、オンラインで閲覧できるようにしておきま

す。

　⑤習熟度別クラスを編成することも有効な FD です。さまざまなレベルの学生がクラスに混在していて、教える側も学ぶ側も苦労しているという声をよく聞きます。学習効果を上げるためには、明確な達成目標が不可欠です。そして、授業内容は達成目標に沿ったものでなければなりません。諸事情で厳格なレベル分けが難しい場合もありますが、学生の学びを考えれば、習熟度を考慮したプログラムを提供することが効果的です。

　⑥統一教科書・シラバスを作成することも FD です。「同じ科目なのに、教員によってやり方や難易度が異なる」という学生の声を聞いたことがあるのではないでしょうか。同一名称科目でのばらつきを少なくするためには、教え方は教員によって異なっていたとしても、教科書やシラバス（特に評価方法）を統一することも考えられます。

　最後に、マクロレベルでは、⑦学習支援システムを導入することがあります。語学学習に限ったことではありませんが、特に履修者数の多い共通教養科目にとって、学習支援室やeラーニングは学生の自学自習を支援する大切な仕組みです。授業と連携した文章添削指導を行うライティングセンターを設置している大学もあります（早稲田大学 Academic Writing Program、金沢工業大学ライティングセンター、国際基督教大学ライティングサポートデスク等）。学生ニーズを調査して、その大学に必要な学習支援システムを構築することは教員にとっても学生にとっても大きな助けとなります。語学に特化しない学習支援センターを配置している大学もあります（明治大学学習支援室、芝浦工業大学学習サポート室等）。

　その他にも、ラーニング・ポートフォリオ構築、ワークショップの開催、学期ごとの学習成果の分析と結果共有、定期的なカリキュラム・プログラムの省察と改善システム構築等、大学によってさまざまな語学系 FD の取り組みがなされています。

　しかし、何より大事なのは、教員間のコミュニケーションを図ることです。既に述べたように語学系教員は数が多く、かつ非常勤講師が多いという特徴があります。学科・科目レベルでは、専任教員のためのメーリングリストや非常勤を含む全教員のためのメーリングリストをつくってコミュニケーションを取りやすくします。また、定期的な懇親の機会があれば、学科・科目を越えて一緒に教育について語る交流の場をつくることができます。まずは有志から小さく始めてみて

はどうでしょうか。　　　　　　　　　　　　　　（ホートン広瀬恵美子）

Q83　さまざまな種類のFD

教員養成を担う教員を対象としたFDをどのように進めたらよいでしょうか。

A　教員養成を担う大学教員を対象とするFDは、大学改革の動向と教員養成改革の動向の2つを踏まえて展開される必要があります。伝統的に、教員養成教育がうまくいったかどうかは、教員就職率という観点が判断基準の1つとされてきました。たとえば、文部科学省は国立の教員養成大学・学部（教員養成課程）の卒業者の就職状況を取りまとめて公表しており、こうしたデータを使って、自大学におけるFDをどのように進めたらよいかを検討することができます。

　一方で、教員就職率だけではなく、学生が修得すべき知識・技能の育成は、教職課程においても重視されています（中央教育審議会、2012 b）。しかしながら、課題としては、「教職課程の履修を通じて、学生に身に付けさせるべき最小限必要な資質能力についての理解が必ずしも十分ではない」こと、「教職課程が専門職業人たる教員の養成を目的とするものであるという認識が、必ずしも大学の教員の間に共有されていない」ことなどが挙げられてきました（中央教育審議会、2006）。昨今では、教員養成教育の到達目標やスタンダードが設定され、「教員として最小限必要な資質能力」に基づいたカリキュラム上の整備が質保証の観点から行われている大学も見られます。また、2012年度から導入された教職実践演習に義務づけられている履修カルテにおいては、必要な資質能力について学生が自己評価する項目もあり、どのような資質能力が教員に必要かを自大学で検討するきっかけともなっています。こうした教職課程における成果を重視した新たな取り組みは、教員養成を担う大学や学部においては、FDの主要なテーマになり得るものです。

　こうした教員養成改革の流れにおいて、知識基盤社会を生きる子どもの育成に必要な実践的指導力が学校教員に求められていることから、教員養成を担う大学

教員の職能開発を支援するFDの重要性がますます高まっていると指摘されています（国立教育政策研究所、2014；中央教育審議会初等中等教育分科会教員養成部会、2014）。国立教育政策研究所が国立教員養成系大学・学部の学長・学部長を対象に行った調査（国立教育政策研究所、2014）によると、教員養成担当教員に固有に求められる資質・能力として、「教員養成担当者としての自覚」「学校現場での教育実践と関連付けた授業の実施」「実践と理論の往還型のプログラムのデザイン」「教育実習など体験と関連付けた授業の実施」「『学習』に対する新しく深い知見」などが重要視されています。しかしながら、この調査においては、現状のFDが教員養成担当教員の成長の機会として認識されていないことも指摘されています。これは、今後、教員養成担当教員の現状およびニーズに適合したFDプログラムを開発する必要性があることを意味しています。

　教員養成を担う教員の場合、教育学に関する知識や技法はすでに習っており、大学生を対象に教えていることも多くあります。FD担当者がそのような内容を提供する場合には、反発を受けることもあるので、内容や実施方法については注意すべきです。たとえば、教員養成大学の特徴を活かして、大学の新任教員が大学附属小中学校の教員の授業参観を行うというFDの取り組みがあります。教員養成に関与する大学教員は、初等・中等教育機関の教員から多くを学ぶことができるでしょう。

（久保田祐歌）

Q84　さまざまな種類のFD

理工系教員を対象としたFDをどのように進めたらよいでしょうか。

A　ミクロレベルのFDに関しては、まずは一般的な授業設計や教授法に関する内容を学ぶことから実施してみましょう。なぜなら、理工系教員は、「教員が何を伝えるのか」という発想に基づいて授業を設計することがよくあるので、それに代えて「学生が何を学び、何ができるようになるのか」という発想を理解してもらうためです。その上で、理工系科目に特化して、授業設計や教授法について教員が困っていることや成功事例を参加者間で共有するとよいで

しょう。たとえば、反転授業、ピア・インストラクション、クリッカー等のICTを活用した授業、TA・SAを活用した授業、PBL型授業などは、むしろ理工系の教員にとって関心の高いテーマでしょう。これらは知識詰め込み型の理工系の授業を克服し、学生に確かな学力と汎用的技能を同時に身につけさせようする意欲的な取り組みです。

　こうしたテーマで研修を学内で実施することが難しい場合には、日本工学教育協会等の理工系の大学教育関連団体が実施しているFDプログラムも利用できます。たとえば、高等専門学校の中には、ティーチング・ポートフォリオを作成する研修を他大学の教員にも開放しているところもあり、これにより理工系教員間で経験知の共有をしています。また、理工系の学会の中には、大学教育を研究領域として位置づけている団体があります。学会誌を参照したり、学会大会に参加したりしてみてもよいでしょう（例　『大学の物理教育』：日本物理学会、『化学と教育』：日本化学会）。さらに、理工系分野は、初等・中等教育の教科教育としてすでに多くの実践や研究がなされています。たとえば、日本数学教育学会や日本理科教育学会では、豊富な研究成果が蓄積されており、大学教員が授業改善をする際に参考になります。

　ミドルレベルでのFDの取り組み例としては、第1に、外部評価を活用したものがあります。外部評価の例としては、日本技術者教育認定機構（JABEE）による教育プログラム認定制度がよく知られています。JABEEは、理工農系学科あるいはコース（高等専門学校であれば本科4・5年と専攻科1・2年）で行われている教育プログラムの内容と水準が、国際的に通用する技術者の教育として適切かどうかの視点から認定をしています。国際的な標準性を確保するため、JABEEは技術者教育認定の国際的枠組み（エンジニアリング系はワシントン協定、情報系はソウル協定、建築系はUNESCO-UIA）に加盟し、それらの協定の考え方に準拠した基準で審査をしています。こうした審査を受ける前に、学内で準備や議論をすること、審査を受けた後に、何を改善するのかについて議論し行動することは組織的なFDそのものです。

　第2に、高等学校から大学への学びの接続に関連するFDの取り組みがあります。大学入試の多様化や大学教育のユニバーサル化などにより、新入生の基礎学力に大きな格差が生じています。理工系の学問は積み上げ式で学ぶ場合が多く、高等学校で学ぶ内容が未履修あるいは未習熟であると、大学の授業を十分に理解

できません。これに対処するため多くの大学では、数学・物理・化学等の入学前教育、入学直後のプレイスメントテストや一定の水準に達しない学生に対するリメディアル教育、学習相談室等の設置による対象学生への手厚い学習支援を実施しています（日本リメディアル教育学会、2012）。各大学でこのような施策を効果的に実施するためには、学部・学科内でのカリキュラム・レベルでの検討、周到な準備と実施段階での細かなケア、実施後の効果検証と改善のサイクルが必要不可欠であり、これもFD担当者の活動の1つです。 (榊原暢久)

Q85　さまざまな種類のFD

医療系教員を対象としたFDをどのように進めたらよいでしょうか。

A 新薬開発やロボット手術など医療は著しい発展を遂げており、10年前の知識は古くなってしまうこともあります。医療系教員には、根拠に基づいた最新の知識を教育内容に反映し続けることが求められます。さらに、医療は実践の科学とも言われ、基本的知識を習得するだけなく臨床において知識を適切に応用し実践できる能力が求められます。

このような特徴があるため、医療系教員には、知識提供が主な目的である講義だけではなく、能動的に学習をし続けることができる学習者を育成するために、多様な教育技法を学ぶことが必要です。たとえば、問題解決思考を養うことを目指したPBL（Problem-Based Learning）は医学教育の分野で発展してきた教育技法ですが、多くの医療系大学ではこのPBLを中心に、アクティブラーニングを促す教育技法に積極的に取り組んでいます（薬の知識編集委員会編、2001；吉岡、2003）。よって、実践力の育成に向けた多様な教育技法に関するFDは重要なテーマとなるでしょう。

また、医療系の教育では、知識・技能だけでなく、誠実さや倫理観を養うことが重視されます。たとえば、患者と家族間で終末期医療に対する意向に相違がある時の最善の医療とは何か、有効な治療があるにも関わらず治療拒否する患者にどのように対応するのかなど、医療には倫理的課題が伴うことが多くあります。

臨床における学習(実習)をどのように展開するかなど、知識・技能・態度を統合した教育のあり方に関して、FDの場で検討することも大切でしょう。

近年は多職種連携医療(チーム医療)を担える人材育成が求められており、チームで学ぶこと(Team-Based Learning)も重要視されています。対人関係能力やコミュニケーション力の育成のためのロールプレイやグループワークなどの技法も取り入れられています。

医療系教員の多くは、教育学に関する教育や訓練を受けてきておらず、教員になってからのOJT(On-the-Job Training)によって教育技法を身につけることが主流です。医療系の大学におけるFDでは、上述したように、知識のみならず、態度や汎用的技能をバランスよく育成するための能力を身につける必要があります。単発の講演会形式のFDではなく、体系的で継続的なFDプログラムを開発していくことも、FD担当者の役割でしょう(看護学教育研究共同利用拠点 千葉大学大学院看護学研究科附属看護学実践研究指導センター、2014)。　　　(飯岡由紀子)

Q86　さまざまな種類のFD

小規模大学ではFDをどのように進めていけばよいでしょうか。

A　FDに関して小規模大学が抱える問題の1つが、FD担当者が不在であることです。国立大学や大規模私立大学の場合、大学教育センターが設置されていたり、FDの専任担当教員や職員を配置していたりすることがあります。しかしながら、小規模大学の場合、そうしたことは困難でしょう。そのため、多様なFDプログラムを展開できない、体系的な研修を企画できないといった問題が生じます。

責任体制を明確にするという意味で、小規模であっても、専任教員が不在であっても、FDを中心的に担う組織を設置することが望ましいでしょう。名称はFD委員会、FD推進室、FD推進センターなどいずれであっても構いません。大事なことは、責任を持って業務を担当する人がいるかどうかということです。各学部代表から構成される委員会形式には限界がありますが、いくつかの措置を

講じることによって、機能させることも可能です。全学のFD担当者としての責任と業務を明確にするために、学長指名にする、任期を長く設定する（4年程度）、委員在任期間中は他業務を削減する、役職手当を支給する、業績評価に反映する、等は有効な手段です。若手、ベテラン、あるいは専門分野を問わずに、教育に熱心に取り組んでくれる人を探しましょう。一方で、FD委員のメンバーが2年程度で入れ替わり役割を持ち回ることで意識を高めるという方法もあるでしょう。この場合、責任は不明確になるかもしれませんが、FDに取り組み始めた初期段階では必要な試みかもしれません。

　また、身内意識が強く、外からの刺激が少ないということも問題です。これには、他大学と連携してFDを実施することが有効です。四国には、四国地区大学教職員能力開発ネットワーク（SPOD）があり、四国内の大学・短大・高専が連携して、FD・SDに取り組んでいます。この取り組みにより、ネットワーク内の他大学が実施する研修に参加することができるのに加えて、コアとなる大学に所属する専任のFD担当者からの支援を得ることができるようになっています。他大学の教員との交流によって、新しい情報や知識が組織に流れ込んでくるメリットもあります。同じ関心を持つ他大学の教員とのネットワークも構築できます。

　一方、小規模大学であることのメリットもあります。規模が小さいために、全員参加で教育改革に取り組みやすいことです。大規模大学では合意を得るのに非常に時間がかかる新しい取り組みも、迅速に決定し実施に移すことが可能です。FD担当者や管理職が中心になり、フットワークの軽さを最大限に活かして、斬新な取り組みを進めることができることこそ、小規模大学の強みです。

（佐藤浩章）

Q87　さまざまな種類のFD

研究を重視する大学ではFDをどのように進めていけばよいでしょうか。

A　研究を重視する大学には、教育能力に関わるFDが進みにくい要素が複数あります。まず、教員が研究活動に力点を置き、大学としても研究

を重視した業績評価を行う傾向があります。また、一般的に規模が大きいことが多いために意思決定に時間がかかることが多いと言えます。

　研究を重視する教員に対しては、まず、教員が研究活動を大切にしているということをFD担当者がよく理解することが必要です。その上で、教育の価値を認識してもらいましょう。最先端の研究活動を教育に活かせられるのは、大学だからこそできる教育です。学生は問いを探し出し、解決をはかるという研究を基盤とした学びによって成長します。また、教員自身の専門領域の理解者や将来の研究を担う人材育成にもつながります。

　具体的なFDの進め方としては、たとえば、スタンフォード大学の大学教育センターでは、①教育学研究科など教育を専門とする部門と連携すること、②各専門領域を尊重し特徴に応じた連携やプログラムの提供を行うこと、③個人対象のプログラムの提供だけではなく全学レベルでの視点を持つこと、が経験的に重要であるとしています（Marincovich, 2007）。

　また、教員表彰制度を用いて、各学部・研究科に散在する教育に熱心な教員を評価しつつ、彼らの間に接点をつくることも有効です。

　さらに、研究を重視する大学は将来大学教員となる人材を輩出する大学です。大学教員を志す大学院生を対象としたプログラム（プレFD）の推進も重要な活動の1つです。プレFDは一般的には全学的な取り組みとなるので、これを学部・研究科との接点とすることもできるでしょう。将来的には教員を対象としたFDを実施する契機になるかもしれません。

　研究を重視する大学では、FDを担う大学教育センターに所属する教員にも、他の部署同様に研究業績が求められます。FDにおける取り組みが研究として結実することは、学内の信頼を得ることにも有効に働きますし、全国のFDを先導していくことにもつながります。したがって、FDの取り組みを研究として発信していくことも、FD担当者に求められる重要な役割と言えるでしょう。

（栗田佳代子）

Q88　さまざまな種類のFD

英語による授業を行う教員のためのFDをどのように進めたらよいでしょうか。

A　教育の国際化に向けて、英語による授業を開講する大学が増加しています。しかし、海外での教育経験を持っている一部の教員以外は、英語による授業の担当に多くの不安を抱えています。そのため、教員が英語による授業を担当できるように支援するFDが求められています。

英語による授業のためのFDの内容としては、教室英語（Classroom English）の習得が挙げられます（中井編、2008）。旅行英語やビジネス英語という呼称があるように、教室で使用する言葉は教室英語と呼ばれます。「出欠をとります」「3人のグループをつくってください」「解答用紙を裏にして、後ろから前に順に送ってください」などは教室英語の例です。多くの教員はそのような英語表現を身につけていません。英語で授業をするには、授業で使用する教室英語を語彙に加える必要があります。

さらに、英語による授業で有効な教授法の知識や技能を習得することもFDの内容になります。たとえば英語による授業を実践する教員の多くは、パワーポイントなどのプレゼンテーションソフトを活用することが口頭でのコミュニケーションを強力に補完すると述べています。また、詳細なシラバスを作成しておくことで英語による授業の運営が容易になったと述べる教員もいます。そのような教授法のノウハウを共有することも効果的です。

FDを実施するには、いくつかの方法があります。たとえば、参加者が英語による授業を実践し、参加者同士のフィードバックにより学ぶワークショップを開催するという方法があります。また、他の教員が行う英語による授業への参加を促し、同僚から学ぶ機会を提供するという方法もあります。英語が非母語の教員を対象とする研修プログラムを持つ海外の大学へ教員を派遣するという方法もあります。さらに、教室英語に関する教材を提供することで自己研鑽を支援するという方法もあります。

実践形式のワークショップは効果的な方法ですが、参加者が限られるという側

面があります。名古屋大学の新任教員研修においては、教室英語に関する教材の配付を希望する教員が参加者 96 名中 88 名であったにも関わらず、実践型の 4 時間のワークショップへの参加を希望する教員は 18 人でした（中井、2011）。この結果は、集合研修で学ぶよりも、自己研鑽を通して自分のペースで学びたいと考える教員が一定の割合存在することを示しています。教員のニーズを把握し、適切な方法を選択して実践することが求められます。 　　　　　　（中井俊樹）

Q89　さまざまな種類のFD

研究能力に関わるFDとはどのようなものでしょうか。

A　昨今、マスコミを賑わした研究論文の剽窃や不正問題は、各大学が教員に対して研究者倫理教育を実施する動きにつながっています。研究能力の開発をFDに含めて解釈した場合、研究者としての倫理教育は、FDの1つとして捉えられます。他にも、研究資金を獲得するための申請書作成支援、あるいは英語での学会発表や論文執筆作成支援といったサービスや研修も、これに含まれます。しかしながら、このような研究能力に関わるFDを体系的に進めている大学は少なく、これからの課題でしょう。

　一方、大学における教育職同様に、研究職についても専門職化の進むヨーロッパ諸国では、継続的な専門職能開発（Continuing Professional Development）という観点から研究職能の開発が進んでいます。

　その先進国であるイギリスでは、博士号取得者を、高等教育機関や研究機関のみならず、産業界でも活躍できる高度な専門性を持った人材として育成するという政策が進められてきました。各大学では、博士号を取得したばかりの大学院生や若手研究者を対象に、研究者に求められる一般的な専門職能開発の支援が進められています。

　その支援機関であるVitaeは、大学をはじめ関係機関が研究者開発をする指標として「研究者開発の枠組み(Researcher Development Framework)」を提供しています。この研究者開発の枠組みは、国際的に活躍する研究者に必要な「特

質」を4つの領域ごとに示したものです。4つの領域には、①知識および知的能力、②個人の資質、③研究のガバナンスや運営の能力、④エンゲージメント・影響力・インパクトがあります。

　Vitaeは支援の地域拠点である「ハブ」とともに、この枠組みを用いて、各機関の専門職開発部局担当者向けにプログラム開発を支援しています。合わせて、大学院生やポスドクを対象として、この枠組みを基にした自己開発プランニングシステムを組み込んだキャリア開発支援が行われています。また、博士課程2～3年生を対象として、職能開発コースの提供も行われています。このようなイギリスの取り組みは、北欧諸国でもモデルとして参照されています。

　今後、日本においても、国際的な環境の中で大学の競争力を高めるために、教員の研究能力向上に向けてさまざまな取り組みが開始されていくことが予想されます。FD担当者が、こうした研究能力開発にも関与していくことになるのか、それとも別な組織や人がこれを担うのかは予測がつきません。研究を重視する大学における試行が注目されます。
（加藤かおり）

Q90　さまざまな種類のFD

ゼミナール型授業の質を高めるためにはどのようなFDをすればよいでしょうか。

A　大学におけるゼミナール型の授業（以下、ゼミ）には、近年活発になっている初年次教育のゼミから、卒業論文や卒業制作を目標とした伝統的な専門課程のゼミまで、幅広くあります。しかしながら、講義形式の授業に関するFDが活発であるのに対して、ゼミ教育に関するFDはほとんど行われていないのが現状です（毛利、2006）。それには、ゼミ教育の内容が、文献講読を行うものから、研究テーマを設定した調査や実験を行うものまで多様であったり、ゼミ教育の方法が、個別研究、グループ研究、討論形式と多様であったりするという理由が挙げられます。また、ゼミ教育は、担当教員に任されていることが多く、どのような教育活動が行われているのかが明らかになっていなかったことがあります。

愛媛大学が学内の研究室を対象に行った調査からいくつかのゼミ教育のタイプを見てみましょう（愛媛大学教育・学生支援機構教育企画室、2012）。

①研究室の運営方法については、「単独教員運営型」（1名の教員と、その指導学生からなる）、「複数教員運営型」（2名以上の教員と、その指導学生からなる。予算や指導も一体化）、「緩い連携型」（基本は単独教員運営型だが、ゼミ指導や年間行事の一部を他のゼミと共同で実施）、「プロジェクト基盤型」（学部や学科をまたいで、共同研究を実施する研究室で連携して学生の指導も行う）があります。

②学生の研究テーマについては、「学生が自分で設定する」（教員の研究テーマと学生の研究テーマの関連が薄い、テーマ設定のプロセスを重視する分野）、「教員が複数のテーマを提示し、その中から選択する」（教員の研究テーマと学生の研究テーマの関係が密接）、「教員が設定する」（学生が自分でテーマを決めることが難しい分野。ただし、学生が納得した上で決定する）があります。

このようにさまざまなタイプの教育活動ごとに、生じる課題も異なります。研究活動を重視するゼミでは、「研究論文指導法」、「プロジェクト・マネジメント」など長期にわたる論文作成・課題作成の指導法に関わるFDが有効でしょう。

教員と学生、学生と学生の関わりが重視される共同体としてのゼミ（伏木田他、2013）では、構成員間の相互作用の充実、活発な議論や教員の指導力といった授業時間内活動の改善が期待されています（伏木田他、2012）。こうしたゼミを担当する教員向けには、「グループワークの効果的な進め方」、「ピア・エデュケーションの技法」など、学生同士で行う学習に関するFDを提供するとよいでしょう。また、学問的な教育内容だけではなく、生活指導、就職指導、メンタルヘルスケア等の学生生活支援に関わるFDが有効な場合もあります。　　　　（池田史子）

Q91　さまざまな種類のFD

新任教員が先輩教員に相談できるメンタリングプログラムとはどのような制度でしょうか。

A　教員が教育や研究の能力を向上させる方法は、研修だけではありません。同僚や先輩からのアドバイスも教員の能力開発に役立ちます。このような先輩からのアドバイスを組織的に支援する制度がメンタリングプログラムです。メンタリングプログラムは大学以外の組織でも広く導入されており、その教育効果は確認されています。メンタリングプログラムはFD活動の1つと位置づけられています（ガレスピー他、2014）。

　赴任間もない新任教員にとって、大学における活動に不安はつきものです。大学教員は1人で教育研究を進める時間が比較的多いため、職務に必要な知識や技能を先輩教員から学習する機会は限られています。したがって、新任教員が一定の職務経験を持つ先輩教員と交流する制度を整備することで、新任教員が大学教員として成長していくことを支援することができます。

　メンタリングプログラムでは、新任教員をメンティ教員、そのメンティ教員を支援する教員をメンター教員と呼びます。メンタリングプログラムを運営する場合の基本的な業務は、新任教員に適したメンター教員を紹介することです。

　「メンター・アワード2012」優秀賞を受賞した名古屋大学のメンタリングプログラムの実践からはいくつかのことが明らかになっています（中井、2012）。メンター教員を希望する新任教員は2割程度いること、メンター教員を希望する女性教員が多いこと、メンタリングのプロセスに対して大部分のメンター教員とメンティ教員の満足度が高いこと、メンティ教員にとって、メンター教員の存在が能力開発のみならず心理的な支援になっていることなどです。

　大学でのメンタリングプログラムは、現状では新任教員や女性教員を対象にしたものが多いですが、大学管理職、大学職員、ポスドクのキャリア支援としても活用できるでしょう。

（中井俊樹）

Q92　さまざまな種類のFD

プレFDをどのように展開していけばよいでしょうか。

A　プレFDとは、大学教員をめざす大学院生に対するFDプログラムのことです。アメリカでは、Preparing Future Faculty Program（Colbeck他、2008）という体系的な取り組みがよく知られていますが、最近では、総称としてGraduate Student Professional Development（GSPD）が一般的になってきました。近年日本でも特に研究に重点を置いた大規模大学において実施されつつあります。

プログラムの立ち上げ方法としては、①大学の全学的な取り組みとしてスタートする、②大学教育センターや研究科の取り組みとしてスタートする、の2つの方法があります。①はその計画が実行に移されるまでに多くの会議で承認が必要となるため時間を要しますが、認められた場合は、全学的な合意があるため、普及もしやすく持続可能性の高い方法です。一方、②は、大学教育センターや研究科で方針を決定でき、柔軟にプログラムの計画・充実がはかれるなど、機動力に大きな利点がありますが、全学的な認知度を高めにくいという課題があります。

プレFDプログラムを開発する方法としては、TA研修の発展型と新任教員研修の転用型の2通りがあります。いずれかが既に学内において機能している場合には、それをうまく活用するとよいでしょう。

プレFDプログラムの主たる内容を見ると個人の教育力の向上に重点がおかれていることが特徴と言えます。たとえば、模擬授業の実施や授業設計、シラバスの作成、アクティブラーニングや評価の方法など、実践的な内容が取り入れられる傾向にあります。しかしながら、日本では大学院生の教育実践の機会が少ないため、TAの実質的な制度改革とも関連させた、プレFDで身につけたことを実践する場の創造が課題となっています。

プレFDをうまく運用するためには、その広報活動が重要です。大規模大学では個々の大学院生に届く広報手段の確保は難しいことが多いので、各研究科にポスター掲示を依頼したり、SNSを利用したりするなど、多様な方法を考える必

要があります。受講した大学院生が、同じ研究室に所属する先輩や後輩に受講を推奨している例も多くあります。また、大学院生を送り出す教員の理解を得ることも肝要です。大学院生にとって研究活動が重要であることは言うまでもありませんが、大学教員はそれを最優先事項として重視するあまり、研究以外の活動への参加には難色を示すことがあります。プレFDでの学びが大学院生のキャリア形成において有意義であることを理解してもらうためには、教授会での説明やパンフレットの配付をとおして、その意義を周知することが重要です。また、教員に授業を参観してもらうオブザーバー制度の導入、教員に関わってもらう機会を増やす工夫も有効です。

また、プログラムを一過性のものとせず、修了生のネットワークを整備し、研究会やイベント等の情報を共有することにより、生涯学び続ける未来の大学教員を育成することができるでしょう。 (栗田佳代子)

Q93　さまざまな種類のFD

同僚や学生と話し合うことをFDと捉えてもよいでしょうか。

A　大学教員に、「どのようなFDに取り組んでいますか？」と具体的な内容を尋ねると、「私は常に自分で授業の改善をしている」「同僚と授業について日常的に話し合っている」「授業で毎回、自分でアンケートをとり学生の意見を聞いている」という回答が返ってくることがあります。これはFDなのでしょうか。

まず、教育の改善に個人で取り組むのか、あるいは、組織で取り組むのかという点から考えてみましょう（松下、2007）。上述の事例は、「教員による個人的な取り組み」と解釈できます。これは最も基盤となるFDではあるものの、個人的な取り組みにとどまるのであれば、限界のあるFDと言えるでしょう。教員が教育改善に取り組むことは、教員としての当然の責務であり、学校教育法にも明記されています（学校教育法第9条（教員）：法律に定める学校の教員は、自己の崇高な使命を深く自覚し、絶えず研究と修養に励み、その職責の遂行に努めなけれ

ばならない)。むしろ、今日の大学にとって取り組むべき重要な課題は、組織的なFDです(大学設置基準第25条の3(教育内容等の改善のための組織的な研修等):大学は、当該大学の授業の内容及び方法の改善を図るための組織的な研修及び研究を実施するものとする)。

では、講演会やワークショップのような研修だけが組織的なFDなのでしょうか。松下(2007)が指摘するように、日常的なFDと非日常的なFDは補完的なものであり、研修こそが真のFDであるという意見は、FDを狭く捉えすぎていると言えます。

上述の事例の場合、同僚と授業について日常的に話し合うことが、学部や学科の目標達成に至る最適な手段の1つとして選択されたものであるか、組織内で合意されたものであるかがポイントです。また、日常的に話し合っていることを把握する方法が定められているか、日常的に話し合った結果、実際に授業や学生の学習が変化したのかもポイントです。これらが明確になっていれば、個人的な取り組みを越えて、組織的なFDとしても捉えることが可能でしょう。

多くの教員が個人的な努力を積み重ねている実績を持つ大学・学部・学科であれば、新たに研修を実施せずとも、組織的な目標を設定し共有する作業をFDとして位置づけることができます。組織的な目標を設定し、各個人の取り組み内容と、その結果、教育がどのように変化したのかについての事実やデータを、組織の内外に公表し、可視化すればよいのです。その際のFD担当者の役割は、組織としての目標、役割分担、評価方法の設定を支援することです。　　(中島英博)

Q94　さまざまな種類のFD

自己啓発としてのFDを、教員にどのように促すことができるでしょうか。

A　教員に自己啓発としてのFDを促すためにまずできることは、自己学習できる書籍やパンフレットを提供することです。大学教育センターを持つ大学ならば、独自に作成したFD教材や大学が契約しているeラーニング教材を提供できます。しかし、大学教育センターがなかったり、専任のFD担当者

が不在だったりする場合、これらの取り組みは難しいでしょう。

　そのような場合は、自己学習できる書籍を購入して貸し出したり、教材についての情報を提供したりすることができます。教員がよく集まる場所に、書棚を設置しFDに関する書籍を置き、興味のある教員に貸し出します。書籍を置く場合には、書店でよくあるように、お勧めのコメントも示しておくことで、より多くの教員に興味を持ってもらうことができます。愛媛大学と東北大学は、FDに役立つ書籍の推進図書リスト（pp. 180-181参照）をそれぞれ公開しています（愛媛大学教育・学生支援機構教育企画室、2016；東北大学高度教養教育・学生支援機構、2015）。書籍を選定する際に、このようなリストを活用するとよいでしょう。

　FDのための教材を作成している大学の中には、作成した教材をウェブサイト上で公開しているところもあります。そのようなサイトを一覧にして紹介してもよいでしょう。最近では、日本語に精通していない外国人教員も増えてきています。日本語のサイトだけでなく、米国の大学の教授・学習センターなど英語のサイトも加えておくとよいでしょう。

　読書会を設けることもできます。書籍を選定し、事前に読んできていることを前提に、教員がリラックスして話し合える機会をつくります。ランチを食べながら意見交換をしてもよいですし、コーヒーやお茶を飲みながらでもよいです。同じ場所に集まるのが難しいのならば、SNSを活用することもできます。

　教材を提供する、読書会を設けるという以外に、研修、学会、シンポジウム等に教員を派遣することもできます。京都大学高等教育研究開発推進センターの「あさがおメーリングリスト」などでは、大学教職員に有益なイベント案内を配信しています。教員にこれらのメーリングリストに登録してもらい情報を受け取る環境を整備するというだけでなく、研修への旅費や参加費を支給したり、補助したりするという方法もあります。

（小林忠資）

Q95 さまざまな種類のFD

授業改善に関わる研究会を、FD担当者としてはどのように支援できますか。

A 参加者が主体的に授業について研究する活動もFDに含まれます。大学設置基準に「授業の内容及び方法の改善を図るための組織的な研修及び研究」と記されているように、研修だけでなく研究もFDに含まれます。ただし、この規定ではそれが組織的なものであることを求めています。つまり、個人で行う授業研究を個人的な取り組みに終わらせず、組織的なFDとして支援していく必要があるでしょう。

さまざまな大学、授業に関する研究会が組織されています。名古屋大学では、学生のアカデミック・ライティングの能力向上の方法を研究する会、教育学における映画を教材とした授業を開発する会、古典教養の教授法を研究する会、実験を組み込んだ物理学講義の授業を開発する会、哲学を専門としない学生に対する哲学教育を研究する会、障がいのある学生に対する支援を研究する会などが組織的な研究会として運営されています（名古屋大学高等教育研究センター、2014）。これらの研究会活動は、大学が提供する研修を補完する役割があります。

基本的には、研究はそのメンバーが主体的に運営する活動ですが、FD担当者が支援できることもあります。具体的には、研究の企画を募集する、研究会の活動を広く紹介する、研究に対して予算面で支援する、研究成果を公開する場をつくる、事務局を担うなどの方法があります。また、授業に関する研究であれば、教育学を専門とする教員やFD担当者が研究会のメンバーとして加わることも効果的です。

（中井俊樹）

Q96 学問としてのFD

日本でFDについて学ぶ方法はありますか。

A　日本国内でFDについて学ぶ方法は、大きく分けると、①各大学で行われているFDに参加する、②各地域の大学間連携組織が行うFDに参加する、③大学関係の協会・団体が主催するFDに参加する、④大学教育を研究対象とする学会に参加する、⑤大学院に入学し、FDそのものを研究対象とする、という5つになります。

①は各大学で行われているFDに参加する方法です。基本的に学内構成員向けですが、学外に公開されているものも数多くあります。多くは講演会型ですが、体験型のワークショップ形式もあります。日本には約1,200校の大学・短期大学・高等専門学校があるので、この中から自校のFDの企画に活かせる例を見つけることができるでしょう。FDに関する情報は各大学のウェブサイト等に掲載されていますが、全国のFD情報を提供するメーリングリストに登録すると簡単に情報を入手できます (p.195参照)。

②は各地域の大学間連携組織が行うFDに参加する方法です。各地域には、大学と地方自治体・経済団体等が地域活性化と大学の発展のために結成した大学コンソーシアムや、FDに特化した大学間ネットワークがあります。たとえば、前者の1つである公益財団法人大学コンソーシアム京都は「FDフォーラム」を主催しており、2013年度には全国から290大学・機関等から800名以上が参加をしています。また、後者には古くは1960年代に首都圏の国公私立大学が共同で設立した大学セミナーハウス（現・八王子セミナーハウス、会員校44校）の研修活動や、関西地区FD連絡協議会（加盟大学147校）、四国地区大学教職員能力開発ネットワーク（加盟校32校）などの活動があります。主に加盟校向けの研修ですが、多くが加盟校外にも開かれています。

③は大学関係の協会・団体が主催するFDに参加する方法です。たとえば、IDE大学協会は1954年に創設された団体であり、本部（首都圏）と全国6地区（協会窓口はそれぞれ北海道大学、東北大学、名古屋大学、京都大学、広島大学、

九州大学）で毎年セミナー・研究会が開催されています。取り上げられるテーマは高等教育全般にわたりますが、FDを教育だけでなく研究、社会貢献、管理運営まで含めた総合的な専門性の開発だと定義すれば、このようなFDへの参加を通じて自校のFDプログラムの幅を広げるためのヒントを得ることができるでしょう。この他にも私立大学連盟や私立大学協会等が研修会やワークショップを開催しています（p. 194参照）。

　④は大学教育を研究対象とする学会に参加する方法です（p. 195参照）。たとえば、大学教育学会は1979年に旧・一般教育学会として発足した大学教育に関するパイオニア的な学会です。この他にも、日本教育工学会（1984年設立）、日本高等教育学会（1997年設立）、初年次教育学会（2008年設立）などの学会があり、FDに関する実践とその成果の実証的研究について学ぶことができます。近年は、大会期間中にFDに関するワークショップを開催する学会も増えています。また、会員にならなくても参加できる場としては京都大学高等教育研究開発推進センターが主催する「大学教育研究フォーラム」があります。各大学で行われている教育実践の研究報告が数多くなされ、絶好の情報収集・交流の場となっています。

　⑤は大学院においてFDそのものを研究対象とする方法です。教育学研究科を置く大学の中には高等教育の専攻・コースを有するものがあります。たとえば、広島大学大学院教育学研究科（博士課程前期）には高等教育開発専攻が置かれています。ここでは、高等教育の制度・政策、組織・運営、評価、授業の内容や方法、国際交流などの領域を総合的に学ぶことができ、FD担当者に必要な高等教育の基礎知識を身につけることができるでしょう。修士論文のテーマとしてFDを選べば、歴史、国際比較、計量分析などさまざまなアプローチでFDを深く研究することも可能でしょう。高等教育を体系的に学べる専攻・コースとしては他に東京大学大学院教育学研究科や桜美林大学大学院大学アドミニストレーション研究科などがあります。

　また、大学院ではありませんが、東北大学高度教養教育・学生支援機構が実施するPDP（Professional Development Program）には、120時間以上の学習を行う、「教育開発リーダー向け履修証明プログラム」が用意されています。教育開発の専門性を高めるために、このような機会を利用するのも有効です。

（吉田香奈）

Q97 学問としてのFD

FDはどのような学問に支えられているのでしょうか。

A　FDを支える学問は心理学、組織論、制度論、行政論など多岐にわたりますが、とりわけ教育学はその中心的な学問分野になります。教育学は教育という事象を対象とする科学であり、教育哲学、教育史、教育社会学、教育心理学、比較教育学、教育方法学、教科教育学、教育工学、教育行政学、学校経営学、社会教育学などの教育諸科学から構成されています（細谷他編、1990）。乳幼児から成人までの教育を対象とし、歴史、国際比較、計量分析などのさまざまな手法を用いた研究が行われています。

　教育学の研究と教育は、戦前は総合大学における文学部の中の1つの学科または哲学科の中の1つのコースで行われており、戦後は主に新制の教育学部において行われてきました。また、教育学は中等教育段階までの教員養成と密接に結びついており、教職を志す学生に対して教育学関係の基礎科目を提供してきました。現在は、教員免許状取得に必要な科目のうち「教職に関する科目」として、教職の意義、教員の職務内容、教育の理念・歴史・思想、子どもの心身の発達と学習の過程、教育の社会・制度・経営的事項、教育課程、各教科の指導法、生徒指導の理論・方法、教育相談、進路指導などに関する授業が提供されています（教育職員免許法施行規則第6条）。

　これらの学問は主に中等教育段階までを対象にしていますが、さらに、教育学の各分野では大学・大学院、短期大学、高等専門学校までを含めた高等教育機関における教育についても広く研究が行われています。高等教育の理念・歴史、制度・政策、組織・運営、財政、教育課程・教育方法、教育評価、学生支援などの各領域において、これまで膨大な研究が蓄積されてきました。大学のFDではこれらの知見に基づきさまざまな研修が行われていますが、こうした研修は「大学教員版・教職に関する科目」と位置づけることもできるでしょう。大学教育センターのFD担当教員に教育学の修士・博士の学位取得者が多いのは、教育学の知見を活かしたFDを企画・実施することが求められているからです。

一方、専門学会の中にも高等教育段階における教育方法・教材の開発や調査分析を目的とするものがあります（羽田、2005）。たとえば、日本工学教育協会（学会誌『工学教育』、以下同）、日本医学教育学会（『医学教育』）、日本物理学会（『大学の物理教育』）、日本化学会（『化学と教育』）、経済教育学会（『経済教育』）などが各学問分野における教育実践や調査分析を蓄積し、その成果を広く公表しています。実際、FD においては教育学、特に教育方法学の研究者が占めてきた位置はそれほど高くなく、むしろ個々の教員や学会、各大学の教員集団が一定の蓄積を持ちリードしている状況にあると言われます（日本教育方法学会編、2009）。今後、教育学研究者が他の学問領域の研究者と協力することで、さらに深化した高等教育研究が展開されていくことが期待されます。　　　　　　　　　　　　　　（吉田香奈）

Q98　学問としてのFD

SoTLはFDとどのように関係していますか。

A　SoTL とは Scholarship of Teaching and Learning を略したもので、「教授（教えること）と学習（学ぶこと）についての学術的探究を通してそれを改善しようとする営みやその成果として得られる知のこと」（松下、2011 a）を言います。「学術的探究を通して」という点が特徴的で、研究活動と同様に、教育活動についても、創造的、学術的な探究とその方法論や成果の共有によって発展させていこうとする試みです。

　SoTL は 1990 年代後半からアメリカで広まった試みで、その起源はカーネギー財団の理事長を務めたボイヤーによる、大学教員の学識（Scholarship）の再定義にあります（ボイヤー＝有本、1996）。ボイヤーはその著書の中で、大学教員が持つべき 4 つの学識の 1 つとして、「教育の学識（Scholarship of Teaching）」を位置づけ、それを評価することを提唱しました。これが後任のシュルマンによって SoTL の理念へと発展し、1998 年からの CASTEL（Carnegie Academy for the Scholarship of Teaching and Learning）プログラムによって、全米に広がりました。CASTEL では毎年、全米から 20 ～ 40 名の大学教員を選出し、彼らが

表19　FDの2つのアプローチ

	スタンダード・アプローチ	生成アプローチ
FDの目的	基準への到達と熟達	実践知や同僚性の生成
FDの機会	研修プログラム	日常的教育改善
FDの主体	専門家モデル（FDerの役割大）	同僚モデル（教員間の相互性重視）

自らの教育実践を発展させ、その成果をそのコミュニティの中で共有し、論文や本として出版することに助成を行いました。このように、教員がその教育実践を振り返り、改善し、その成果を共有することをSoTLは目指します。

　FDとSoTLの関係を理解するために、FDの2つのアプローチを紹介します（松下、2011b）。1つは「大学教員の力量や教育改善についてのスタンダードとなるフレームワークを作り、それにそって作成された体系的な研修プログラムを通してFDを実施しようとする」スタンダード・アプローチであり、もう1つは「大学教員相互の協働や交流を促し、その日常的教育改善を支援することによってFDを具体化しようとする」生成アプローチです（表19）。

　このうち、SoTLは後者の「生成アプローチ」に分類され、個々の教員の実践知や同僚性の生成を目的とし、日常的な教育改善をFDの機会と捉え、教員間の相互性を重視した同僚が主体となるFDと位置づけることができます。

（中島夏子）

Q99　学問としてのFD

諸外国の大学ではどのようなFDがなされているのでしょうか。

　A　FD担当者の国際的な専門家団体であるICED（The International Consortium for Educational Development）には2016年現在で24カ国の組織が加盟しています。そのメンバーには北米、ヨーロッパ、アフリカ諸国やオーストラリア、アジアでは日本の他、中国、インド、スリランカ、タイが加盟しています。このように世界的にFDは展開されていますが、ここでは国家政府

によるFDの関与が弱いアメリカと、強いイギリスという特徴的な2つの国においてどのようなFDがなされているかを紹介します。

　まずアメリカでは、授業設計やアクティブラーニング、学習評価の方法等のセミナーやワークショップ、授業コンサルテーションなどの活動が一般的に実施されていますが、その内容は大学によって多様です。日本と比較すると、教員向けにはコンサルテーションが重視されていること、大学院生を対象としたTA研修やプレFDが充実していることが、アメリカのFDの特徴です。また、それらへの参加が教員に義務づけられている事例は少なく、FDが行われていない大学もあります。一方で、ティーチング・ポートフォリオや学生による授業評価アンケートを用いた教員の教育業績評価が厳格に行われており、それがテニュア（終身雇用権）取得、採用、昇進、年度ごとの業績評価の資料の1つとして利用されています。そのため、新任教員や昇進を控えた大学教員は積極的にFDに参加する傾向があります。

　一方、イギリスには全国レベルの制度として、大学教員資格制度基準枠組み（Postgraduate Certificate in Higher Education）があります。新任教員は試用期間中にこの基準枠組みに則ったプログラムで所定の単位を修得し、修了証明を取得することが義務づけられています。具体的には、①学習活動の設計と計画および研究プログラムの設計・計画、②教授および（もしくは）学生の学習支援、③学習評価、学習者へのフィードバック、④効果的な学習環境、学生支援、ガイダンスの開発、⑤学問、調査研究、および専門的活動と教育・学習支援の統合、⑥実践評価、継続的な専門職能開発、の6つの領域が設定されています。この枠組みに沿って、各大学の大学教育センターでは、新任教員向けのプログラムを提供しています。

　その他の諸外国の大学でのFDの状況を詳しく知りたい場合は、『ファカルティ・ディベロップメントを超えて―日本・アメリカ・カナダ・イギリス・オーストラリアの国際比較―』（東北大学高等教育開発推進センター編、2009）を読むことを推奨します。同書は諸外国のFDの実施状況について、①定義・概念、②機関レベルの仕組み、③全国レベルの制度、④ネットワークの役割、の4つの観点からまとめられています。日本のFDのあり方を他国との比較から検討するのに適しています。

（中島夏子）

Q100 学問としてのFD

日本のFDの独自性はどのような点にあるのでしょうか。

A 　日本においてFDは新しい概念であると言われます。研究者によって日本にFDという用語が紹介されたのは1980年代であり（寺﨑、2006）、法令によって大学がFDに取り組むことが推奨され、各大学で実践されるようになったのは1990年代以降です。アメリカやイギリスが1970年代からFDに取り組み始めていることと比較して、日本はFDの後進国と語られることがあります。

　しかし、FDを広義に捉えると、用語が導入される以前から、日本の大学ではFDに活発に取り組んできたとも言えます。たとえば1968年から69年の大学紛争を契機に一般教育の改善に関する議論が活発化したり（関、1995）、1980年代の共通一次試験導入や学生の学習態度の変容などを契機に大学教員の自主的な教育改善が活発化したりする動きがありました（羽田、2009）。当時の議論は、学内だけではなく、たとえば大学教育学会の前身である一般教育学会の全国大会や全国大学高専教職員組合の教職員研究集会、日本工業教育協会の年次大会などにおいて展開されていました。これらの資料を見ると、授業改善、組織的なカリキュラム改革、教育評価、学生の実態調査などについて報告されており、近年議論されているテーマと重複するものが多いことがわかります。つまり、FDは古くて新しい概念なのです。

　FDという用語が使われたことによって、それまで各大学で行われてきた教育改善の取り組みとFDとして始まった教育改善の取り組みの間に溝ができてしまったのも事実です。その証拠に、教員にFD活動に取り組んでいるかどうかを聞いてみると、研修への参加状況について回答が返ってきます。学部における話し合いや日常的な授業改善の取り組みについては、FDであると認識されていないのです。これまで積み重ねられてきた教育改善に関する実践ならびに知見とFDをつないでいくことが、FD担当者の重要な使命の1つかもしれません。

　しかし、FDという用語を使ったことによる効果もありました。1点目は、FDとは何かを知るために、FD担当者が諸外国の大学教育センターを訪問調査して

取り組み事例や研究成果を一気に紹介したことです。日本のFD担当者ほど海外の取り組みや動向に詳しい者はいないのではないでしょうか。現状では各国での取り組みを日本の文脈にどう適応させるかということが課題になっていますが、いずれ、いろいろな国の方法を取り入れたハイブリッドなFDが生みだされていくかもしれません。

　2点目は、FDの定義が曖昧であるがゆえにユニークな取り組みが開発されていることです。FD定義の不明瞭さを逆手に取り「今後の実践によって、大学からの自発的・現場的発想によって、いかようにもつくり替えることができる活動」（寺﨑、2006）とFDを捉えることも可能であり、FD担当者の専門性や置かれた状況を反映して、さまざまな取り組みや考え方が生まれています。たとえばFDコンソーシアム、eラーニング教材を利用したFD、学生FDなどは日本に特徴的なFDの例です。特に学生と教職員が協働してFDを推進するという発想は、学生自治会の発言力が強いアメリカやイギリスとは異なる形態での大学への学生参加であり、日本特有の文脈を反映したものだと考えられます。

　FDの最終的な目標は、個々の教員だけではなく大学組織の教育力が向上し、学生の大学における学習や経験がより充実したものになることです。自由な発想の下で生まれてきた日本の多様なFDの取り組みを、教員のキャリアステージや大学教育の特徴に沿って整理し直し、FDの日本モデルをつくることが未来のFD担当者の課題でしょう。

（佐藤万知）

第3部　資料

3.1 研修テーマ一覧

授業
01. 授業の設計・シラバスの書き方
02. 学習に関する理論
03. 協同学習、グループワーク、TBL
04. アクティブ・ラーニング
05. PBL
06. ディスカッション、ディベート
07. ケース・スタディ
08. 実験・実習
09. 現場実習
10. 少人数ゼミナール
11. TA、SAの活用方法
12. 講義のための話し方
13. 質問の方法
14. 黒板の書き方
15. 配付資料の作り方
16. 教科書の作り方
17. 大人数講義の授業方法
18. 英語での教え方
19. 受講態度の悪い学生の指導
20. コミュニケーション能力の育成
21. 批判的思考力の育成
22. スタディスキルの育成
23. レポート課題の指導
24. 卒業論文、卒業研究の指導
25. 学問的誠実性の指導
26. キャリア教育・就職指導
27. プレゼンテーション・ソフトの使用方法
28. ホームページの作成と活用方法
29. eラーニング教材の作成と活用方法
30. 動画教材の作成と活用方法
31. クリッカーの使用方法
32. 遠隔会議システムを活用した授業方法
33. 成績評価の方法
34. 試験問題の作り方
35. 形成的評価と効果的なフィードバック方法
36. ルーブリック評価
37. グループワークの評価
38. 学生の自己評価、ピア評価の活用方法
39. ポートフォリオ評価

学生支援
40. 初年次学生の支援
41. 大学院生の支援
42. 留学生の支援
43. 社会人学生の支援
44. 学力の低い学生、モチベーションの低い学生の支援
45. 欠席しがちな学生の支援
46. 精神的な悩みがある学生の支援
47. 障がいをもつ学生の支援
48. コーチング、メンタリング技法
49. カウンセリング技法
50. ホームルームの運営

教員個人の能力開発支援
51. 教育業績を記録する方法
52. 教育実践を論文にする方法
53. 研究計画の立て方
54. 研究論文の書き方
55. 英文での研究論文の書き方
56. 英語での学会発表の仕方
57. 研究資金の獲得方法
58. 職場での円滑な人間関係の構築と維持
59. 時間管理・配分
60. 教育への意欲をいかに維持するか
61. 研究への意欲をいかに維持するか

出所:城間他(2013)

3.2 研修実施要項の例

平成 26 年度　第 5 回　大阪大学コースデザインワークショップ実施要項

1．主　催　　大阪大学教育学習支援センター

2．期　日　　2015 年 2 月 12 日 (木) ～ 13 日 (金)
〔出発時刻〕
　1 日目 08：30　大阪大学（豊中キャンパス）サイバーメディアセンター前
　　　　 08：50　蛍池駅前（西口のローソン (豊中蛍池中町三丁目) 前の道路沿い）
〔解散時刻〕
　2 日目 15：00 頃　大阪大学（豊中キャンパス）サイバーメディアセンター前　解散

3．場　所　　スペースアルファ神戸
　　　　　　〒651-1301　兵庫県神戸市北区藤原台北町

4．主な参加対象者（一度参加した者は除く）
　1）これから授業を担当する教員
　2）すでに授業経験があり、シラバスと授業方法をよりよいものにしたい教員

5．スタッフ
　竹村治雄（TLSC センター長）　佐藤浩章（TLSC 副センター長）　家島明彦（TLSC 講師）
　浦田悠（TLSC 特任講師）　大山牧子（TLSC 特任助教）　根岸千悠（TLSC 特任研究員）

6．目的
　学生の学習をもっと促すために、よりよい授業のデザイン方法と基本的な授業方法を学びます。具体的には、ある学習テーマに基づき、グループのメンバーで同一のシラバスを作成します。授業の構想・設計・実施・評価に関わる一連の過程を、グループワークを通して体験し、各自 10 分間のミニ授業を実施して、必要とされる能力を身につけます。

7．到達目標
　1）適切に授業目的・目標を設定できる。
　2）自学自習を促すシラバスを書くことができる。
　3）様々な授業方法の中から、目的・目標にあったものを選択できる。
　4）様々な学習評価方法の中から、目的・目標にあったものを選択できる。
　5）アクティブラーニングを促す教育技法を、自らの授業で導入することができる。
　6）継続的な授業改善に必要な部局・機関を超えた人的ネットワークを構築する。

8．研修形態
　1）体験型研修です。複数のセッションに分かれて、ミニ講義とグループ作業を繰りかえします。
　2）異なる分野の教員が、普段着で肩書きなしの対等な意見交換をすることで、学習効果を高めます。
　3）研修自体がグループ学習形式であり、アクティブラーニング型授業を体験します。

9．その他
　1）本プログラムでは、佐藤浩章編『大学教員のための授業方法とデザイン』（玉川大学出版部）をテキストとして使用します。当日会場でお渡しします。
　2）研修は長時間に渡りますので、普段着でお越しください。
　3）宿泊を伴いますので、各自必要なものをご準備ください。
　4）プログラムの参加費は無料です。大阪大学以外の方は宿泊費・食費 14,040 円（税込）をご用意の上、ご参加をお願いします。なおスペースアルファ神戸では現金・クレジットカード払いが可能です。

資料提供：大阪大学全学教育推進機構教育学習支援部

3.3 学外講師による研修ポスターの例

2014年度第5回FDセミナー

ルーブリック評価入門
―ブレない、時短、公平な評価をするために―

佐藤 浩章 氏（大阪大学教育学習支援センター・副センター長）

講演概要

　1枚目のレポートの採点基準と50枚目のそれがずれていると気になったことはありませんか？評価にかける時間をもっと短縮できたらと思ったことはありませんか？ルーブリックがそんな悩みを解決してくれます。ルーブリックとは、教育・学習成果の評価の厳密化と効率化を進めるために使われる評価ツールです。本セミナーではルーブリックの作成手続きと様々な事例を紹介しながら、研修時間内に自らの授業で活用できるルーブリックを作成します。成績評価の厳密化と効率化を進めたい教員だけではなく、カリキュラム・プログラム評価に関心のある教職員、人事評価に関心のある教職員の方にも有用な内容です。参加者は事前に送付されるファイルを取り込んだ充電済のパソコンを持参ください。持参できない場合はパソコンを使わずに紙で作業もできます。

2014年8月18日（月）14:00 － 16:00
場所：名古屋大学 東山キャンパス 文系総合館7Fカンファレンスホール
定員：30名（定員に達し次第、締め切ります）

お問合せ先：info@cshe.nagoya-u.ac.jp　Tel: 052-789-5696
申し込みにあたって、氏名、所属、連絡先メールアドレスを本文に記載願います。

申込締切：8月8日（金）

CSHE 名古屋大学高等教育研究センター
Center for the Studies of Higher Education, Nagoya University　　http://www.cshe.nagoya-u.ac.jp

資料提供：名古屋大学高等教育研究センター

3.4 学内講師による研修ポスターの例

学生の学びやすさと学習意欲を高める授業設計
-課題分析図の活用-

日時:4月5日(火) 10時～12時
対象:教員 定員:24名程度
講師:仲道 雅輝 教育企画室 講師

●目標:
①学習目標を行動目標として明確に表現できる。
②自身の教授内容の課題分析図が作成できる。
③課題分析の結果をもとに、授業構成の改善案が作成できる。
●内容:
　授業設計の第一歩として学習目標の明確化を行った上で、課題分析の手法を用いた学習課題の分析を行います。学習課題を分析することで、教員の頭にある既に構成された教授内容を分解し、分解した学習要素をより学びやすく、意欲の向上に効果的な学習順序になるよう再構築します。

平成28年度 春期FD・SDスキルアップ講座

「授業開始直前!!
授業をもっとよくするコツ」
セミナー

4月5日(火) 6日(水)
会場:愛大ミューズ1階
アクティブ・ラーニングスペース2

申し込み先／愛媛大学教育学生支援機構教育企画室
Tel: 089-927-8922 mail: opar@stu.ehime-u.ac.jp

アクティブラーニング入門セミナー

日時:4月5日(火) 13時～15時
対象:教職員 定員:40名
講師:中井 俊樹 教育企画室 教授

●目標:
①アクティブラーニングが必要な理由を述べることができる。
②アクティブラーニングの教育手法のメリット・デメリットを具体的に説明できる。
③自ら担当する授業で活用できそうなアクティブラーニングの教育手法を列挙することができる。
④アクティブラーニングの教育手法を実践することができる
●内容:
1. 意義ある学習とは　2. アクティブラーニングとは
3. 期待される効果　4. 説明、発問、指示
5. さまざまなアクティブラーニングの技法
6. 学習課題の組み立て方
7. アクティブラーニングの課題

学習評価の基本

日時:4月6日(水) 10時～12時
対象:教職員 定員:40名
講師:中井 俊樹 教育企画室 教授

●目標:
①学習評価の意義と目的を説明することができる。
②到達目標にあわせた評価の方法・基準を選択・設定できる。
③適切で効果的なフィードバックを行うことができる。
④公正で厳密な成績評価を行うことができる。
●内容:
1. 学習評価の目的　2. 学習評価の主体
3. 学習評価の対象　4. 学習評価の基準
5. 学習評価の方法　6. 優れた評価の条件
7. 評価のさまざまな側面

効果的なグループワークの進め方

日時:4月5日(火) 15時半～17時半
対象:教員 定員:40名
講師:小林 直人 教育企画室長 教授

●目標:
①学生がいきいきとグループワークに参加できる仕組みについて説明することができる。
②現状よりも活発なグループワークをしかけることができるようになる。
③グループワークを導入することのメリットとデメリット、導入時に注意すべき点を列挙できる。
●内容:
1. アイスブレイク　2. グループワークを体験する
3. 成功するグループワークのカギ
4. グループワークの進め方
5. グループワークの必須アイテム
6. 振り返りと質疑応答

会議マネジメント

日時:4月6日(水) 13時～15時
対象:教員 定員:40名
講師:丸山 智子 教育企画室 特任助教

●目標:
①会議のマネジメントプロセスについて説明できる。
②会議を進める上で準備すべき事を理解できる。
③会議を効果的・効率的に運営するために必要な手法を説明することができる。
④会議のまとめ、及び会議後のフォローの注意すべき点を列挙できる。
●内容:
　会議(ミーティング)は「意見の異なるもの同士が、議論の末に最高の合意点をみつけるもの」であることが望まれます。そのような会議を実現するため、ファシリテーションの重要性を理解し、マネジメントのプロセス、具体的な手法について学びます。

資料提供:愛媛大学教育・学生支援機構教育企画室

3.5 研修評価アンケートの例

事後アンケート

研修内容の改善のために、率直なご意見をお聞かせください。

1．参加者ご自身について
（1）所属

　　　　（　　　　　　　　）

（2）職名
　　　① 教授　② 准教授　③ 講師　④ 助教・助手　⑤ その他（　　　　　）

2．研修について　（設問ごとにあてはまる番号に○を付して回答してください。）

> 4 そう思う　3 どちらかといえばそう思う　2 どちらかといえばそう思わない　1 そう思わない

	設　問	回　答			
1	研修目的や内容についてある程度知った上で参加した	4	3	2	1
2	研修の目的は明確に設定されていた	4	3	2	1
3	研修はわかりやすい順序ですすめられた	4	3	2	1
4	研修内容は丁度よいレベルに設定されていた	4	3	2	1
5	研修時間は研修目的を達成するために丁度よい長さだった	4	3	2	1
6	研修の実施時期は適当だった	4	3	2	1
7	講師の言動は学習意欲を高めた	4	3	2	1
8	講師は研修に必要な知識を十分に持っていた	4	3	2	1
9	講師の用意した教材はわかりやすかった	4	3	2	1
10	自分に必要な知識やスキルを身につけることができた	4	3	2	1
11	受講したことによって教育の改善につながると思う	4	3	2	1
12	研修は全体的に満足できるものだった	4	3	2	1

3．受講して良かったと思われる点を、具体的にご記入下さい。

4．研修をよりよいものとするために改善すべき点があれば、具体的にご記入下さい。

5．本学のFDに対するご提案や今後取り上げてほしいテーマがあれば、自由にご記入ください。

　　　　　　　　　　　　　　　　　　　　　　　　御協力ありがとうございました。

3.6 授業参観シートの例

　　　　　　　　　　　　　　　　　実施日　平成　　年　　月　　日
授業科目名：　　　　　　　　　　　実施場所：
授業担当者：　　　　　　　　　　　観察者：

（1）　**授業の導入部分について**：　観点の例）その日の授業の目標を学生に伝えているか
　　　　　　　　　　　　　　　　その日の授業の位置づけや前回とのつながりを確認しているか

（2）　**授業の内容**：　授業構成（質・量ともに適切か）、主題の捉え方、プレゼンの明確さ（聞き取りやすさ、適切な資料の提示やメディアの利用）、キーポイントの強調、まとめ、学生への確認作業、フィードバックなど。

（3）　**学習の支援**：　学生への接し方・態度（アイコンタクト、ジェスチャー、個々への配慮等）、質問・応答の仕方、練習・作業時間や学生間でのやりとりの導入、関心の引きつけや注意の喚起、話しやすい場づくり、信頼関係の形成など。

（4）　その他気づいたこと：

　　　　　　　　　　　　　　　　　資料提供：新潟大学大学教育機能開発センター

3.7 授業評価アンケートの例

○年度授業評価アンケート

科目番号：	科目名：	担当者：

1．受講者自身について
（1）所属
　　① 文学部　② 理学部　③ 工学部　④ 教育学部　⑤ 医学部

（2）学年
　　① 1年　② 2年　③ 3年　④ 4年　⑤ 5年　⑥ 6年

（3）あなたは、この授業に意欲的に取り組みましたか。
　　① とてもそう思う　② ややそう思う　③ あまりそう思わない　④ まったくそう思わない

（4）平均すると1週間でどのくらいこの授業科目に関連する学習をしましたか（授業時間を除く）。
　　① 30分未満　② 1時間程度　③ 2時間程度　④ 3時間以上

（5）あなたは、この授業の目標を達成しましたか。
　　① とてもそう思う　② ややそう思う　③ あまりそう思わない　④ まったくそう思わない

（6）この授業で、新たな知識や技能、考え方などを身に付けることができしたか。
　　① とてもそう思う　② ややそう思う　③ あまりそう思わない　④ まったくそう思わない

2．授業の内容や方法について
（1）授業の目的や目標は明確でしたか。
　　① とてもそう思う　② ややそう思う　③ あまりそう思わない　④ まったくそう思わない

（2）授業の教え方や話し方はわかりやすかったですか。
　　① とてもそう思う　② ややそう思う　③ あまりそう思わない　④ まったくそう思わない

（3）教科書やプリント、画像等が適切に用いられていましたか。
　　① とてもそう思う　② ややそう思う　③ あまりそう思わない　④ まったくそう思わない

（4）授業の難易度は適切でしたか。
　　① とても難しい　② やや難しい　③ ちょうどよい　④ やや簡単　⑤ とても簡単

（5）総合的にみてこの授業に満足していますか。
　　① とてもそう思う　② ややそう思う　③ あまりそう思わない　④ まったくそう思わない

3．受講して良かった点を、具体的に記入してください。

[   ]

4．改善点があれば、具体的に記入してください。

[   ]

　　　　　　　　　　　　　　　　　　　　　　　　　　　　御協力ありがとうございました。

3.8 FDで活用できる基本データの例

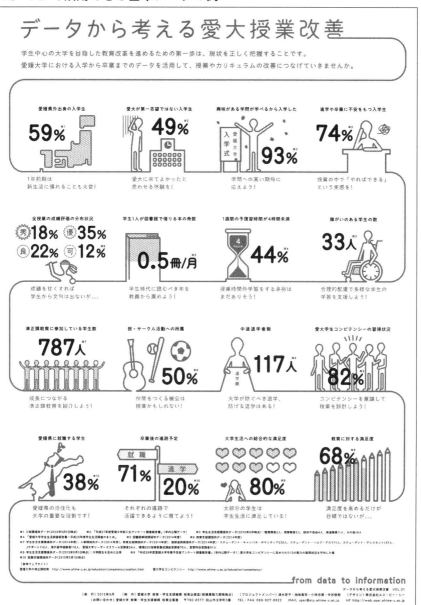

資料提供：愛媛大学教育・学生支援機構教育企画室

3.9 教職員に推薦する書籍のリストの例

教授法の基本を理解する
『成長するティップス先生』(玉川大学出版部、2001)
『授業の道具箱』(東海大学出版会、2002)

授業を設計する
『大学教員のための授業方法とデザイン』(玉川大学出版部、2010)
『教材設計マニュアル』(北大路書房、2002)

アクティブラーニングを取り入れる
『シリーズ 大学の教授法 アクティブラーニング』(玉川大学出版部、2015)
『協同学習の技法』(ナカニシヤ出版、2009)

学習成果を評価する
『大学教員のためのルーブリック評価入門』(玉川大学出版部、2014)

英語で教える
『大学教員のための教室英語表現300』(アルク、2008)

研究室を運営する
『アット・ザ・ヘルム』(メディカル・サイエンス・インターナショナル、2011)

教育活動を記録する
『大学教育を変える教育業績記録』(玉川大学出版部、2007)

学生を理解する
『キャンパスライフの今』(玉川大学出版部、2003)
『他人を見下す若者たち』(講談社、2006)
『キャリア教育のウソ』(筑摩書房、2013)
『ノンエリートのためのキャリア教育論』(法律文化社、2015)

大学教員を理解する
『大学教員準備講座』(玉川大学出版部、2010)

『もっと知りたい大学教員の仕事』（ナカニシヤ出版、2015）
『ベストプロフェッサー』（玉川大学出版部、2008）
『科学者という仕事』（中央公論新社、2006）

大学を理解する
『大学とは何か』（岩波書店、2011）
『イギリスの大学・ニッポンの大学』（中央公論新社、2012）
『大学自らの総合力』（東信堂、2010）

大学を運営する
『大学事務職員のための高等教育システム論』（東信堂、2012）
『大学戦略経営論』（東信堂、2010）
『大学経営論』（日本エディタースクール出版部、2010）
『リーダーシップ入門』（日本経済新聞出版社、2005）

人材を育成する
『いちばんやさしい教える技術』（永岡書店、2012）
『企業内人材育成入門』（ダイヤモンド社、2006）
『職場が生きる人が育つ「経験学習」入門』（ダイヤモンド社、2011）

学生を支援する
『アカデミック・アドバイジング』（東信堂、2015）

教務の仕事を理解する
『大学の教務Q&A』（玉川大学出版部、2012）

看護師を育成する
『看護現場で使える教育学の理論と技法』（メディカ出版、2014年）

図書館の仕事を理解する
『図書館に訊け！』（筑摩書房、2004年）

出所：愛媛大学教育・学生支援機構教育企画室（2016）に基づき作成

3.10 FD関連主要法令

法令
日本国憲法(昭和21年11月3日)
教育基本法(平成18年12月22日法律第120号)
学校教育法(昭和22年3月31日法律第26号)
学校教育法施行令(昭和28年10月31日政令第340号)
学校教育法施行規則(昭和22年5月23日文部省令第11号)

学位
学位規則(昭和28年4月1日文部省令第9号)

設置基準
大学設置基準(昭和31年10月22日文部省令第28号)
大学院設置基準(昭和49年6月20日文部省令第28号)
短期大学設置基準(昭和50年4月28日文部省令第21号)
高等専門学校設置基準(昭和36年8月30日文部省令第23号)
専門職大学院設置基準(平成15年3月31日文部科学省令第16号)
大学通信教育設置基準(昭和56年10月29日文部省令第33号)

設置認可
大学設置・学校法人審議会令(昭和62年9月10日政令第302号)
大学の設置等の認可の申請及び届出に係る手続等に関する規則(平成18年3月31文部科学省令第12号)

文部科学省
文部科学省設置法(平成11年7月16日法律第96号)
文部科学省組織令(平成12年6月7日政令第251号)

国立大学
国立大学法人法（平成 15 年 7 月 16 日法律第 112 号）
国立大学法人法施行令（平成 15 年 12 月 3 日政令第 478 号）
国立大学法人法施行規則（平成 15 年 12 月 19 日文部科学省令第 57 号）
国立大学等の授業料その他の費用に関する省令（平成 16 年 3 月 31 日文部科学省令第 16 号）

公立大学
地方教育行政の組織及び運営に関する法律（昭和 31 年 6 月 30 日法律第 162 号）
地方教育行政の組織及び運営に関する法律施行令（昭和 31 年 6 月 30 日政令第 221 号）
地方独立行政法人法（平成 15 年 7 月 16 日法律第 118 号）

私立大学
私立学校法（昭和 24 年 12 月 15 日法律第 270 号）
私立学校法施行令（昭和 25 年 3 月 14 日政令第 31 号）
私立学校法施行規則（昭和 25 年 3 月 14 日文部省令第 12 号）
私立学校振興助成法（昭和 50 年 7 月 11 日法律第 61 号）
私立学校振興助成法施行令（昭和 51 年 11 月 9 日政令第 289 号）

教職員
労働基準法（昭和 22 年 4 月 7 日法律第 49 号）
労働基準法施行規則（昭和 22 年 8 月 30 日厚生省令第 23 号）
労働組合法（昭和 24 年 6 月 1 日法律第 174 号）
大学の教員等の任期に関する法律（平成 9 年 6 月 13 日法律第 82 号）
教育公務員特例法（昭和 24 年 1 月 12 日法律第 1 号）
教育公務員特例法施行令（昭和 24 年 1 月 12 日政令第 6 号）
男女共同参画社会基本法（平成 11 年 6 月 23 日法律第 78 号）
雇用の分野における男女の均等な機会及び待遇の確保等に関する法律（昭和 47 年 7 月 1 日法律第 113 号）

障害者

障害者基本法（昭和45年5月21日法律第84号）
障害を理由とする差別の解消の推進に関する法律（平成25年6月26日法律65号）
身体障害者福祉法（昭和24年12月26日法律第283号）
発達障害者支援法（平成16年12月10日法律第167号）
発達障害者支援法施行令（平成17年4月1日政令第150号）
発達障害者支援法施行規則（平成17年4月1日厚生労働省令第81号）

参考情報

　最新の法令を確認する時には、総務省が運営する法令データ提供システム「イーガブ」が便利です。総務省行政管理局が整備している憲法、法律、政令、勅令、府令、省令および規則のデータが提供されています。毎月更新されます。

電子政府の総合窓口「イーガブ」　http://law.e-gov.go.jp/

3.11 FD 関連年表

　日本の FD の特徴を理解するために、FD に関連する政策や取り組み、動向を確認していきます。ここでは FD の全国的な萌芽が見られた 1970 年代以降の主な出来事をまとめています。特に重要だと考えられる出来事については簡単な解説を加えています。

1970 年　大学セミナーハウス「大学教員懇談会」開始

> 大学紛争を契機に全国の大学教員が大学問題を議論するための場として開設された。第 24 回懇談会（1987 年）のテーマは「大学の魅力開発」であり、そこで初めて「ファカルティ・ディベロップメント－大学教員評価の視点」が取り上げられた。

1972 年　広島大学大学教育研究センター（現：高等教育研究開発センター）開設

> 高等教育研究のための専門機関として、日本で初めて設立された。現在は、多くの大学で、大学教育の改善と支援を目的とした大学教育センター等の学内組織が設置されている。

1974 年　国際基督教大学が一部の授業で自主的な授業評価を実施
　　　　厚生省「医学教育者のためのワークショップ」開始

> 日本における大学教員を対象とした組織的な集合研修は医学分野で生まれた。ワークショップの参加者が自らの大学に戻って講師を務めることで、同形式のワークショップが広がっていった。

1979 年　一般教育学会（現：大学教育学会）発足

1991 年　大学審議会答申「大学教育の改善について」
　　　　大学審議会答申「学位制度の見直し及び大学院の評価について」
　　　　学位授与機構（現：大学改革支援・学位授与機構）設立

大学設置基準の大綱化

> 大学の開設科目に関する規制が簡素化されるとともに、自己点検・評価が努力義務化された。教養部の解体の動きにより、各大学は教養教育と FD の責任部局を兼ねる大学教育センター等の設置を決めた。センターには少数ながらも専任教員が配置されるようになっていった。

1992 年　18 歳人口戦後 2 度目のピーク

1993 年　東海大学が全学的な授業評価を導入

> 日本で最初に全学的に授業評価を実施したのが東海大学である。それ以降、多くの大学で授業評価の制度化が進んだが、アンケート結果を踏まえて個々の大学教員の能力開発に資するプログラムやサービスが開始されるまでには、さらに時間がかかった。

国際高等教育開発連盟（ICED: International Consortium for Educational Development）設立

> 世界レベルでの FD 推進のための国際的な組織として設立された。各国を代表する団体で構成されており、欧州・北米諸国を中心に、2015 年現在 24 か国の団体が加盟している。日本は、日本高等教育開発協会が 2008 年に加盟した。

1994 年　大学審議会答申「教員採用の改善について」

1995 年　UNESCO「高等教育の変革と発展のための政策文書」
　　　　「科学技術基本法」公布

1996 年　大学審議会答申「大学教員の任期制について」
　　　　大学基準協会「自己点検・評価を基礎とする大学評価」実施
　　　　京都大学高等教育教授システム開発センター（現：高等教育研究開発推進センター）「公開実験授業」開始

> センターに所属する教員の一学期間の授業のほぼすべてを、学内外の教職員等に公開し、毎回授業者と観察者が授業検討会に参加して議論を重ねるというものであり、多くの大学に影響を与えた。

1997 年　大学行政管理学会発足
　　　　日本高等教育学会発足

1998 年　京都・大学センターが大学コンソーシアム京都へ名称変更
　　　　UNESCO「21 世紀に向けての高等教育世界宣言」
　　　　大学審議会答申「21 世紀の大学像と今後の改革方策について－競争的環境の中で個性が輝く大学」

> 「大学は、個々の教員の教育内容・方法の改善のため、全学的にあるいは学部・学科全体で、それぞれの大学等の理念・目標や教育内容・方法についての組織的な研究・研修（ファカルティ・ディベロップメント）の実施に努めるものとする旨を大学設置基準において明確にすることが必要」と提言された。文部省の公式の文書で初めて「ファカルティ・ディベロップメント」という用語が用いられた。

1999 年　欧州 29 ヵ国の教育関係大臣「ボローニャ宣言」採択
　　　　日本技術者教育認定機構設立
　　　　FD 実施の努力義務化（大学設置基準改正）

> 大学審議会答申を受けて、大学設置基準に「大学は、当該大学の授業の内容及び方法の改善を図るための組織的な研修及び研究の実施に努めなければならない」という一文が加わった。これがいわゆる「FD 実施の努力義務化」である。

北海道大学高等教育機能開発総合センター高等教育開発研究部（現：高等教育推進機構高等教育研究部高等教育研究部門）「第1回北海道大学教育ワークショップ」開催

> インストラクショナルデザインの基礎を学び、グループでシラバスを開発し、模擬授業を行うというワークショップを始めた。後に同様のワークショップ型の研修が他大学でも展開されていった。

2000年　学位授与機構が大学評価・学位授与機構へ改組
　　　　大学審議会答申「グローバル化時代に求められる高等教育の在り方について」
　　　　大学評価・学位授与機構「試行的大学評価」実施（2003年度まで）

2001年　文部科学省「大学（国立大学）の構造改革の方針」（遠山プラン）
　　　　UNESCO／欧州委員会「国境を越えて展開する高等教育に関する行動原則」
　　　　総合規制改革会議「規制改革の推進に関する第1次答申」
　　　　『成長するティップス先生』刊行

2002年　文部科学省「新しい「国立大学法人像」について」
　　　　文部科学省「世界的研究教育拠点の形成のための重点的支援−21世紀COEプログラム」開始
　　　　中央教育審議会答申「大学の質の保証に係る新たなシステムの構築について」
　　　　中央教育審議会答申「大学院における高度専門職業人養成について」
　　　　中央教育審議会答申「法科大学院の設置基準等について」
　　　　「学校教育法」改正

2003年　「専門職大学院設置基準」制定
　　　　ユネスコ総会決議「高等教育とグローバリゼーション−持続可能な開発を目指した質及び知識社会へのアクセス向上」
　　　　文部科学省「特色ある大学教育支援プログラム」（特色GP）開始（2007年

度まで）

> 各大学・短期大学で実績をあげている教育方法や教育課程の工夫改善など教育の質の向上への取り組みの中から、特色のある優れたものが選ばれ、3年間の財政支援がなされた。これにより全国の大学で教育プログラムの改善が進んだ。

2004年　国立大学の法人化

> 国立大学法人法により、文部科学省の内部組織であった国立大学は法人格を持つことになった。法人化により大学の裁量が大きくなる一方、中期目標、中期計画、年度計画が導入され、その達成度を評価する国立大学法人評価が義務づけられた。

　　　　大学評価学会の発足
　　　　「認証評価制度」開始
　　　　現代的教育ニーズ取組支援プログラム（現代GP）開始（2007年度まで）
　　　　「教育・学習の学識に関する国際学会」（ISSoTL：International Society for the Scholarship of Teaching and Learning）設立

> FDに関わる世界各国の研究者により設立された。「教育・学習の学識概念」の普及やそれを踏まえた実践を促すことを目的としている。

2005年　中央教育審議会答申「我が国の高等教育の将来像」
　　　　大学・短期大学への進学率50％超え
　　　　UNESCO／OECD「国境を越えて提供される高等教育の質保証に関するガイドライン」

> 質の高い教育を提供する枠組みの構築、ディグリー・ミル（贋物の証明書や学位を与える、信頼に値しない教育）からの学生の保護に向け、政府や高等教育機関が取り組むべき事項が指針として提唱された。その後、高等教育の質保証に関する国際的な情報ネットワークが整備される。

中央教育審議会答申「新時代の大学院教育－国際的に魅力ある大学院教育の構築に向けて」

> 「大学院は、当該大学院の授業及び研究指導の内容及び方法の改善を図るための組織的な研修及び研究を実施するものとする」と提言された。

2006 年　教育基本法の改正

> 大学に関する条文（第 7 条）が新設されるとともに、教員に関する条文（第 9 条）では、教員については、「養成と研修の充実が図られなければならない」とされた。

2007 年　「グローバル COE プログラム」開始
「大学院教育改革支援プログラム」（大学院 GP）開始（2009 年まで。2009 年度は「組織的な大学院教育改革推進プログラム」に名称変更）
大学院課程における FD の義務化（大学院設置基準改正）

2008 年　学士課程等における FD の義務化（大学設置基準改正）

> それまで FD は努力義務であったが、「大学は、当該大学の授業の内容及び方法の改善を図るための組織的な研修及び研究を実施するものとする」と改正された。いわゆる「FD の義務化」である。

中央教育審議会答申「学士課程教育の構築」に向けて

> 学位授与の方針、教育課程編成・実施の方針、入学者受け入れの方針からなる 3 つの方針（ポリシー）や学士課程共通の学習成果の参考指針として学士力が提示された。

「FD ネットワーク代表者会議」（JFDN：Japan Faculty Development

Network）開始

> 京都大学高等教育研究開発推進センターが中心となって開催されている。「既に組織化された各種ネットワークをつなぎ、課題や知恵を共有し、それぞれのネットワークを活性化していく」ことを目的に、地域別のネットワーク、設置者別のネットワーク、専門分野別のネットワークが参加している。

「日本高等教育開発協会」（JAED：Japan Association for Educational Development in Higher Education）創設

> 日本におけるファカルティ・ディベロッパーの専門家団体として創設された。「高等教育開発者同士の連帯を図りつつ、高等教育開発に関する活動を実践することを通して、日本の高等教育機関の教育と学習の質の向上に貢献すること」と「高等教育開発者としての実践の質を高め、学術研究に裏付けられた専門性を向上させる場となること」を目指している。

文部科学省「大学教育充実のための戦略的大学連携支援プログラム」開始

> 「国公私立大学間の積極的な連携を推進し、各大学における教育研究資源を有効活用することにより、当該地域の知の拠点として、教育研究水準のさらなる高度化、個性・特色の明確化、大学運営基盤の強化等を図ること」を目的としている。一機関の動きを越え、地域レベルでのネットワーク構築が推進された。

文部科学省「質の高い大学教育推進プログラム」（教育GP）開始

2009年　文部科学省「大学の国際化のためのネットワーク形成推進事業」（グローバル30）開始
文部科学省「教育関係共同利用拠点制度」施行

> 「国公私立大学を通じた教育関係共同利用拠点の整備」の推進のための制度である。具体的な拠点の例として、「留学生を対

> 象とした日本語教育センター」や「大型練習船」と並んで「FD・SDセンター」が示された。2010年には「大学の教職員の組織的な研修等の実施機関」として7つの施設が「教育関係共同利用拠点」の認定を受けた。

2010年　国立大学法人第2期中期目標期間開始
　　　　日本学術会議「大学教育の分野別質保証の在り方について」回答

> 「大学教育の多様性を損なわず、教育課程編成に係る各大学の自主性・自律性が尊重される枠組みを維持すること」としながらも、分野別質保証の枠組みとして、「分野別の教育課程編成上の参照基準」の策定を提案している。

2011年　教育情報の公表の義務化
　　　　認証評価の第2サイクルの開始
　　　　文部科学省「大学の世界展開力強化事業」開始
　　　　文部科学省「博士課程教育リーディングプログラム」開始

2012年　文部科学省「大学改革実行プラン」
　　　　中央教育審議会答申「新たな未来を築くための大学教育の質的転換に向けて－生涯学び続け、主体的に考える力を育成する大学へ」

> 学士課程教育の質的転換を図るために必要な改革方策として、「専門家（ファカルティ・ディベロッパー）」の養成、確保、活用が挙げられた。また「体系的なFDの受講と大学設置基準第14条（教授の資格）に定める「大学における教育を担当するにふさわしい教育上の能力」の関係の整理について検討を行う」ことを提言した。

　　　　文部科学省「大学間連携共同教育推進事業」開始

> 「国公私立の設置形態を超え、地域や分野に応じて大学間が相互に連携し、社会の要請に応える共同の教育・質保証システムの構築を行う取組の中から、優れた取組を選定し、重点的な財政支援を行うことにより、教育の質の保証と向上、強みを活かした機能別分化を推進すること」を目的としている。大学間連携に加え、自治体等、大学外の機関との連携も求められている。

2013 年　文部科学省「地（知）の拠点整備事業」（大学 COC 事業）開始
　　　　文部科学省「私立大学等改革総合支援事業」開始

2014 年　文部科学省「スーパーグローバル大学創生支援事業」開始
　　　　文部科学省「大学教育再生加速プログラム」（AP）開始

2015 年　文部科学省「地（知）の拠点大学による地方創生推進事業」（COC＋）開始
　　　　中央教育審議会大学分科会「未来を牽引する大学院教育改革」（審議まとめ）

> 「将来大学教員となる者を対象とした教育能力養成システムの構築」が必要であるとし、大学院生対象のプレ FD の機会の拡大や TA や TF（ティーチング・フェロー）に対する教員の適切な指導助言と事前研修を求めている。

3.12 FDの情報源

3.12.1 公的機関
文部科学省　http://www.mext.go.jp/
日本学生支援機構　http://www.jasso.go.jp/
国立教育政策研究所　http://www.nier.go.jp/
日本学術会議　http://www.scj.go.jp/
科学技術振興機構　http://www.jst.go.jp/
The Higher Education Academy　http://www.heacademy.ac.uk/
Vitae　http://www.vitae.ac.uk/

3.12.2 機関別認証評価機関
大学基準協会　http://www.juaa.or.jp/
大学改革支援・学位授与機構　http://www.niad.ac.jp/
日本高等教育評価機構　http://www.jihee.or.jp/
短期大学基準協会 http://www.jaca.or.jp/

3.12.3 専門職大学院の分野別認証評価機関
日弁連法務研究財団　https://www.jlf.or.jp/index.php
ABEST 21　http://www.abest21.org/jpn/index.html
日本助産評価機構　http://www.josan-hyoka.org/
日本臨床心理士資格認定協会　http://fjcbcp.or.jp/
教員養成評価機構　http://www.iete.jp/index.html
日本技術者教育認定機構（JABEE）　http://www.jabee.org/
専門職高等教育質保証機構　http://ibbe.lolipop.jp/
日本造園学会　http://www.jila-zouen.org/

3.12.4 学協会
国立大学協会　http://www.janu.jp/
公立大学協会　http://www.kodaikyo.org/
日本私立大学連盟　http://www.shidairen.or.jp/
日本私立大学協会　http://www.shidaikyo.or.jp/
日本私立短期大学協会　http://www.tandai.or.jp/kyokai/
全国公立短期大学協会　http://park16.wakwak.com/~kotan819/
IDE大学協会　http://ide-web.net/

AAC&U（Association of American Colleges & Universities） https://www.aacu.org/

3.12.5　学会・研究会等
大学行政管理学会　http://juam.jp/
大学教育学会　http://www.daigakukyoiku-gakkai.org/
日本高等教育学会　http://www.gakkai.ne.jp/jaher/
日本教育工学会　http://www.jset.gr.jp/
初年次教育学会　http://www.jafye.org/
日本リメディアル教育学会　http://www.jade-web.org/
日本工学教育協会　https://www.jsee.or.jp/
日本数学教育学会　http://www.sme.or.jp/
日本理科教育学会　http://www.sjst.jp/
高等教育質保証学会　http://jaquahe.org/
日本高等教育開発協会　http://www.jaed.jp/
ICED（International Consortium for Educational Development）　http://www.icedonline.net/
ISSoTL（International Society for the Scholarship of Teaching and Learning）　http://www.issotl.com/
POD Network（Professional and Organizational Development Network in Higher Education）　http://www.podnetwork.org/
SEDA（Staff and Educational Development Association）　http://www.seda.ac.uk/

3.12.6　FD関連のメーリングリスト
名古屋大学高等教育研究センター　情報配信サービス　http://www.cshe.nagoya-u.ac.jp/ml/
京都大学高等教育研究開発推進センター　あさがおメーリングリスト　http://www.highedu.kyoto-u.ac.jp/
広島大学高等教育研究開発センター　新着情報自動通知サービス　http://rihe.hiroshima-u.ac.jp/

3.13 FD関連推薦文献

3.13.1 概論書
有本章（2005）『大学教授職とFD―アメリカと日本』東信堂
Baume、David and Kahn、Peter eds.（2004）Enhancing Staff & Educational Development、London; New York: Routledge Falmer
大学セミナーハウス編（1999）『大学力を創る―FDハンドブック』東信堂
ガレスピー，K．J．、ロバートソン，D．L．（羽田貴史監訳）（2014）『FDガイドブック―大学教員の能力開発』玉川大学出版部
京都大学高等教育研究開発推進センター編（2003）『大学教育学』培風館
東北大学高等教育開発推進センター編（2009）『ファカルティ・ディベロップメントを超えて―日本・アメリカ・カナダ・イギリス・オーストラリアの国際比較』東北大学出版会
夏目達也、近田政博、中井俊樹、齋藤芳子（2010）『大学教員準備講座』玉川大学出版部

3.13.2 教育理論・教授法
デイビス，B．G．（光澤舜明、安岡高志、吉川政夫訳）（2002）『授業の道具箱』東海大学出版会
エントウィスル，N．（山口栄一訳）（2010）『学生の理解を重視する大学授業』玉川大学出版部
Fry、Heather、Ketteridge、Steve and Marshall、Stephanie、（2009）A handbook for Teaching and Learning in Higher Education: Enhancing Academic Practice、3 rd ed.、New York: Routledge
フィンク，L．D．（土持ゲーリー法一監訳）（2011）『学習経験をつくる大学授業法』玉川大学出版部
藤田哲也（2007）『絶対役立つ教育心理学―実践の理論、理論を実践』ミネルヴァ書房
池田輝政、戸田山和久、近田政博、中井俊樹（2001）『成長するティップス先生―授業デザインのための秘訣集』玉川大学出版部
名古屋大学高等教育研究センター（2007）『ティップス先生のカリキュラムデザイン』（非売品）
中井俊樹編（2015）『シリーズ 大学の教授法 アクティブラーニング』玉川大学出版部

中原淳（2014）『研修開発入門—会社で「教える」、競争優位を「つくる」』ダイヤモンド社
中原淳編、荒木淳子、北村士朗、長岡健、橋本諭（2006）『企業内人材育成入門—人を育てる心理・教育学の基本理論を学ぶ社会研修の実際』ダイヤモンド社
佐藤浩章編（2010）『大学教員のための授業方法とデザイン』玉川大学出版部
セルディン，ピーター（大学評価・学位授与機構監訳，栗田佳代子訳）（2007）『大学教育を変える教育業績記録—ティーチング・ポートフォリオ作成の手引』玉川大学出版部
セルディン，ピーター、ミラー，エリザベス（大学評価・学位授与機構監訳，栗田佳代子訳）（2009）『アカデミック・ポートフォリオ』玉川大学出版部
島宗理（2004）『インストラクショナルデザイン—教師のためのルールブック』産業図書
スティーブンス，D．、レビ，A．（佐藤浩章監訳）（2014）『大学教員のためのルーブリック評価入門』玉川大学出版部
鈴木克明（2002）『教材設計マニュアル—独学を支援するために』北大路書房
堤宇一、青山征彦、久保田享（2007）『はじめての教育効果測定』日科技連出版社

3.13.3 ファシリテーション

コーエン，D．、プルサック，L．（沢崎冬日訳）（2003）『人と人の「つながり」に投資する企業—ソーシャル・キャピタルが信頼を育む』ダイヤモンド社
堀公俊、加藤彰（2008）『ワークショップ・デザイン—知をつむぐ対話の場づくり』日本経済新聞出版社
堀公俊、加藤彰、加留部貴行（2007）『チーム・ビルディング—人と人を「つなぐ」技法』日本経済新聞出版社
マルーフ，D．（吉田新一郎訳）（2003）『最高のプレゼンテーション—心をつかむ見せ方、話し方』PHP研究所
森時彦（2004）『ザ・ファシリテーター』ダイヤモンド社
中野民夫（2003）『ファシリテーション革命—参加型の場づくりの技法』岩波書店
沖裕貴、林徳治編（2010）『相互理解を深めるコミュニケーション実践学（改訂版）』ぎょうせい
鈴木伸一（1996）『社内研修の実際』日本経済新聞社
吉田新一郎（2007）『学ぶ技術』インデックス・コミュニケーションズ
高城浩司（2014）『社内政治の教科書』ダイヤモンド社

3.13.4 雑誌
『文部科学白書』（文部科学省）
『大学時報』（日本私立大学連盟）
『教育学術新聞』（日本私立大学協会、）
『IDE―現代の高等教育』（IDE大学協会）
『カレッジマネジメント』（リクルート進学総研）
『Between』（進研アド）
『VIEW 21 大学版』（ベネッセ教育総合研究所）※2015年10月より『Between』と統合
『文部科学　教育通信』（ジアース教育新社）
『切抜き速報　教育版』（ニホン・ミック）
『留学交流』（日本学生支援機構）

3.13.5 学会誌・研究紀要
『大学行政管理学会誌』（大学行政管理学会）
『大学教育学会誌』（大学教育学会）
『高等教育研究』（日本高等教育学会）
『初年次教育学会誌』（初年次教育学会）
『リメディアル教育研究』（日本リメディアル教育学会）
『工学教育』（日本工学教育協会）
『医学教育』（日本医学教育学会）
『大学の物理教育』（日本物理学会）
『化学と教育』（日本化学会）
『経済教育』（日本経済教育学会）
『大学評価・学位研究』（大学改革支援・学位授与機構）
『大学評価研究』（大学基準協会）
『大学職員論叢』（大学基準協会）
『高等教育ジャーナル』（北海道大学高等教育推進機構）
『名古屋高等教育研究』（名古屋大学高等教育研究センター）
『京都大学高等教育研究』（京都大学高等教育研究開発推進センター）
『京都大学高等教育叢書』（京都大学高等教育研究開発推進センター）
『立命館高等教育研究』（立命館大学教育開発推進機構）

参考文献

IDE 大学協会（2013）「ラーニング・コモンズ―学修の支援と空間」『IDE・現代の高等教育』No. 556、pp. 4 - 62

秋田喜代美（2006）「教師の力量形成―協同的な知識構築と同僚性形成の場としての授業研究」東京大学大学院教育学研究科基礎学力研究開発センター編『日本の教育と基礎学力―危機の構図と改革への展望』明石書店、pp. 191 - 208

秋田喜代美（2008）「授業検討会談話と教師の学習」、秋田喜代美、ルイス，キャサリン編『授業の研究 教師の学習―レッスンスタディへのいざない』明石書店、pp. 114 - 131

秋田喜代美（2010）「授業研究による教師の学習過程」、秋田喜代美、藤江康彦『授業研究と学習過程』放送大学教育振興会、pp. 207 - 226

有本章（2005）『大学教授職と FD ―アメリカと日本』東信堂

池田輝政、戸田山和久、近田政博、中井俊樹（2001）『成長するティップス先生』玉川大学出版会

一般教育学会（1991）「大学審議会答申『大学教育の改善について』に関する今後の課題」『一般教育学会誌』第 13 巻第 2 号、pp. 134 - 146

稲垣忠彦、佐藤学（1996）『授業研究入門』岩波書店

岩居弘樹（2013）「音声認識アプリを活用したドイツ語発音練習の試み― ICT 支援外国語アクティブラーニングの実践報告」『大阪大学高等教育研究』第 1 号、pp. 55 - 58

ウィギンズ，G.、マクタイ，J.（西岡加名恵訳）（2012）『理解をもたらすカリキュラム設計―「逆向き設計」の理論と方法』日本標準

ヴォーン，S.、シナグブ，J.、シューム，J. S.（井下理、柴原宜幸、田部井潤訳）（1999）『グループ・インタビューの技法』慶應義塾大学出版会

愛媛大学（2013）『愛媛大学テニュア・トラック制度ガイドブック 2013』

愛媛大学教育・学生支援機構教育企画室（2008）『FD 担当者必携マニュアル第 3 巻 授業コンサルテーション』

愛媛大学教育・学生支援機構教育企画室（2012）『愛媛大学における研究室教育の現状と課題』

愛媛大学教育・学生支援機構教育企画室（2015）『データから考える愛大授業改善』

愛媛大学教育・学生支援機構教育企画室（2016）『大学教職員のための 32 冊』

FM推進連絡協議会編（2009）「知識創造とワークプレイス」『総解説　ファシリティマネジメント　追補版』日本経済新聞出版社、pp. 95 - 123

江本理恵（2015）「高等教育機関における大規模かつ持続的な教育支援システムの運用に関する考察」『教育システム情報学会誌』第 32 巻第 1 号、pp. 111 - 112

大澤芳樹、近森節子、木田成也、阿部泰治（2009）「立命館アジア太平洋大学国際教育寮 AP ハウスにおけるリビング・ラーニングコミュニティの構築」『大学行政研究』第 4 巻、pp. 79 - 94

大隅紀和（2003）『新しい教育実践のためのワークショップ入門』黎明書房

大山泰宏（2007）「授業評価の発想と歴史」山地弘起編『授業評価活用ハンドブック』玉川大学出版部、pp. 11 - 30

小川賀代、小村道昭（2012）『大学力を高める e ポートフォリオ―エビデンスに基づく教育の質保証をめざして』東京電機大学出版局

沖裕貴（2015）「学生スタッフ」の育成の課題―新たな学生参画のカテゴリーを目指して」『名古屋高等教育研究』第 15 号、pp. 5 - 22

沖裕貴（2016）「立命館大学におけるピア・サポートの取り組み」『立命館高等教育研究』第 16 号、pp. 1 - 17

沖裕貴、田中均（2006）「山口大学におけるグラデュエーション・ポリシーとアドミッション・ポリシー策定の基本的な考え方について」山口大学大学教育機構論集「大学教育」第 3 号, pp. 39 - 55

沖裕貴、宮浦崇、野田文香（2009）「教育改革総合指標（TERI）で検討する人材養成像と FD の評価」『教育情報研究』増刊、pp. 125 - 126．

香川順子、田中さやか、神藤貴昭、川野卓二、宮田政徳、曽田紘二（2008）「徳島大学における FD 実施組織としての役割と機能―大学開放実践センターFD 活動の事例分析より」『京都大学高等教育研究』第 14 号、pp. 71 - 81

香川大学（2010）『平成 21 年度「学生による授業評価報告書」』

加藤かおり（2007）『科学研究費補助金（基盤研究（C））研究成果報告書「英国高等教育資格課程における専門キャリア開発の基準と構造に関する研究（課題番号 17530558）」』

加藤かおり（2010）「大学教員の教育力向上のための基準枠組み」『国立教育政策研究所紀要』第 139 集、pp 37 - 48

加藤信哉、小山憲司編訳（2012）『ラーニング・コモンズ―大学図書館の新しいかたち』勁草書房

金子元久（2011）「日本の大学教育―三つの問題点」文部科学省中央教育審議会, 大学教育部会

ガレスピー，ケイ・J、ロバートソン，ダグラス・L（羽田貴史監訳）（2014）『FDガイドブック―大学教員の能力開発』玉川大学出版部
河合塾編（2013）『「深い学び」につながるアクティブラーニング』東信堂
河合塾編（2014）『「学び」の質を保証するアクティブラーニング』東信堂
看護学教育研究共同利用拠点 千葉大学大学院看護学研究科附属看護学実践研究指導センター（2014）『看護学教育における FD マザーマップ活用ガイド Ver.2』看護学教育における FD マザーマップの開発と大学間共同活用の促進プロジェクト発行
京都大学高等教育研究開発推進センター編（2012）『生成する大学教育学』ナカニシヤ出版
楠見孝、子安増生、道田泰司編（2011）『批判的思考力を育む―学士力と社会人基礎力の基盤形成』有斐閣
薬の知識編集委員会編（2001）『動き出した日本の医学教育改革』ライフサイエンス出版
倉茂好匡（2009）「環境科学部での授業改善の取組み」『滋賀県立大学環境科学部年報』第 13 号、pp. 8 - 10
国立教育政策研究所（2006）『大学における教育改善と組織体制（大学における教育改善等のためのセンター組織の役割と機能に関する調査研究中間報告書）』
国立教育政策研究所（2008）『大学における教育改善等のためのセンター組織の役割と機能に関する調査研究－研究成果報告書』
国立教育政策研究所（2014）『国立大学教員養成系大学・学部において優れた取組みをしている大学教員に関する調査報告書』（研究代表者 大杉昭英）
国立教育政策研究所 FDer 研究会（2009）『大学・短大で FD に携わる人のための FD マップと利用ガイドライン』
国立教育政策研究所「大学における新任教員研修の基準枠組」作成ワーキンググループ（2010）『大学における新任教員研修の基準枠組』
五島敦子（2010）「日本の高等教育におけるラーニング・コミュニティの動向」『南山短期大学紀要』第 38 号、pp. 111 - 131
近藤勲（2000）「マイクロティーチング」日本教育工学会編『教育工学事典』実教出版、pp. 476 - 479．
佐々木恒男、齊藤毅憲、渡辺峻編（2006）『大学教員の人事評価システム』中央経済社
佐藤浩章（2008）「ファカルティ・ディベロッパーという仕事（3）―マクロ・レベルでの取組みと FDer の課題」『IDE 現代の高等教育』502 号、pp. 71 - 75．

佐藤浩章（2009）「FD における臨床研究の必要性とその課題—授業コンサルテーションの効果測定を事例に」『名古屋高等教育研究』第9号、pp. 179 - 198.
佐藤浩章（2010 a）「学士課程教育体系化のステップ—3 つのポリシーの策定と一貫性構築—組織体制づくりとめざすべき人材像の策定」『Between』春号、pp. 46 - 47
佐藤浩章（2010 b）学士課程教育体系化のステップ—3 つのポリシーの策定と一貫性構築—ディプロマ・ポリシーとアドミッション・ポリシーの策定」『Between』夏号、pp. 44 - 47
佐藤浩章（2010 c）「学士課程教育体系化のステップ—3 つのポリシーの策定と一貫性構築—カリキュラム・ポリシーの策定」『Between』秋号、pp. 44 - 47
佐藤浩章（2011）「学士課程教育体系化のステップ—3 つのポリシーの策定と一貫性構築—カリキュラム評価手法の策定」『Between』冬号、pp. 46 - 47
佐藤浩章（2012）「全員参加型授業コンサルテーションの効果測定」『第18回大学教育研究フォーラム発表論文集』pp. 125 - 126
佐藤浩章（2014）「研修運営の技法」中井俊樹編『看護現場で使える教育学の理論と技法』メディカ出版
佐藤浩章編（2010）『大学教員のための授業方法とデザイン』玉川大学出版部
佐藤浩章、城間祥子、大竹奈津子、香川順子、安野舞子、倉茂好匡（2011）「授業コンサルテーションの現状と可能性」『大学教育学会誌』第33号第2巻、pp. 50 - 53
佐藤万知（2010）「FD 担当者の専門性、役割、アイデンティティに関する知見の考察—英語圏 FD 担当者による研究論文のレビューを通して」『国立教育政策研究所紀要』第139集、pp. 63 - 72
渋谷美香（2010）『はじめての教育委員—研修企画のキホン』日本看護協会出版会
清水一彦（2005）「大学カリキュラム論」有本章・羽田貴史・山野井敦徳編『高等教育概論』ミネルヴァ書房、pp. 57 - 68
城間祥子、大竹奈津子、佐藤浩章、山田剛史、吉田博、俣野秀典（2013）「大学・短大・高専教員の研修ニーズと FD の課題」『大学教育研究ジャーナル』第10号、pp. 67 - 79
杉原真晃、岡田佳子（2010）「新任教員 FD のための『基準枠組』の開発・構成と開発研究の可能性」『国立教育政策研究所紀要』第139集、pp. 49 - 61
鈴木淳子（2002）『調査的面接の技法』ナカニシヤ出版
鈴木淳子（2011）『質問紙デザインの技法』ナカニシヤ出版
関正夫（1995）『日本の大学教育改革—歴史・現状・展望』玉川大学出版部

関田一彦、安永悟（2005）「協同学習の定義と関連用語の整理」『協働と教育』第1号、pp.10-17
セルディン，ピーター、ミラー，エリザベス（大学評価・学位授与機構監訳、栗田佳代子訳）（2009）『アカデミック・ポートフォリオ』 玉川大学出版部
セルディン，P（栗田佳代子訳）（2007）『大学教育を変える教育業績記録─ティーチング・ポートフォリオ作成の手引き』玉川大学出版部
センゲ，P. M.（枝廣淳子、小田理一郎、中小路佳代子訳）（2011）『学習する組織─システム思考で未来を創造する』英治出版
田中さやか、香川順子、神藤貴昭、川野卓二、吉田博、宮田政徳、曽田紘二（2010）「大学における授業コンサルタントのスキルに関する考察─徳島大学の事例をもとに」『日本教育工学会論文誌』第34巻増刊号、pp.169-172
田中毎実（2011）「日本のFDの現在─なぜ、相互研修型FDなのか？」京都大学高等教育研究開発推進センター編『大学教育のネットワークを作る─FDの明日へ』東信堂、pp.4-21
中央教育審議会（2005）「我が国の高等教育の将来像（答申）」
中央教育審議会（2006）「今後の教員養成・免許制度の在り方について（答申）」
中央教育審議会（2008）「学士課程教育の構築に向けて（答申）」
中央教育審議会（2012a）「新たな未来を築くための大学教育の質的転換に向けて〜生涯学び続け、主体的に考える力を育成する大学へ〜（答申）」
中央教育審議会（2012b）「教職生活の全体を通じた教員の資質能力の総合的な向上方策について（答申）」
中央教育審議会初等中等教育分科会教員養成部会（2014）「教員の養成・採用・研修の改善について〜論点整理〜」
中央教育審議会大学教育分科会制度・教育部会（2008）「学士課程教育の構築に向けて（審議のまとめ）」
ディック，ウォルター、ケアリー，ジェームス・O.、ケアリー，ルー、（角行之訳）（2004）『はじめてのインストラクショナルデザイン』ピアソンエデュケーション
寺﨑昌男（2006）『大学は歴史の思想で変わる』東信堂
東京大学大学院教育学研究科大学経営・政策研究センター（2007）『全国大学生調査 第一次〜第三次調査 基礎集計表』
東京大学大学院教育学研究科大学経営・政策研究センター（2008）『全国大学生調査第1次報告書』
東北大学高度教養教育・学生支援機構（2015）『東北大学大学教育支援センターによる大学教員のための推薦図書』

中井俊樹（2009）「身近な小道具を教室に」『かわらばん』名古屋大学高等教育研究センター ニューズレター夏号
中井俊樹（2011）「英語による授業のためのFDの課題」『留学交流』9月号、pp. 1 - 7
中井俊樹（2012）「名古屋大学教員メンタープログラムが優秀賞受賞」『名大トピックス』No. 228、pp. 16 - 17
中井俊樹（2015）「集合研修型ＦＤの運営の工夫」『教育学術新聞』2600号
中井俊樹編（2015）『シリーズ大学の教授法3 アクティブラーニング』玉川大学出版部
中井俊樹編（2008）『大学教員のための教室英語表現300』アルク
中井俊樹、上西浩司編（2012）『大学の教務Q＆A』玉川大学出版部
中井俊樹、鳥居朋子、藤井都百編（2013）『大学のIR Q&A』玉川大学出版部
中尾陽子（2011）「ティーム・ティーチング―ラボラトリー体験学習における意味を探る」南山大学人間関係研究センター『人間関係研究』第11号、pp. 111 - 136
中野民夫、森雅浩、鈴木まり子、富岡武・大枝奈美（2009）『ファシリテーション―実践から学ぶスキルとこころ』岩波書店
中原淳（2014）『研修開発入門―会社で「教える」、競争優位を「つくる」』ダイヤモンド社
中原伸夫（2011）「プロジェクト科目とは何か？ PBL授業の支え方」清水亮・橋本勝編『学生・職員と創る大学教育：大学を変えるFDとSDの新発想』ナカニシヤ出版、pp. 167 - 175
名古屋大学高等教育研究センター（2014）『FD・SD教育改善支援拠点の活動（3）平成25年度総合報告書』
名古屋大学高等教育研究センター・情報教育メディアセンター（2006）『ティップス先生からの7つの提案〈IT活用授業編〉』
夏目達也編（2006）『学生・教師の満足度を高めるためのFD組織化の方法論に関する調査研究』平成16・17年度科学研究費補助金最終成果報告書
夏目達也編（2013）『大学経営高度化を実現するアカデミック・リーダーシップ形成・継承・発展に関する研究』平成22 - 24年度科学研究費補助金最終成果報告書
新潟大学教育・学生支援機構大学教育機能開発センター（2014）『平成25年度新潟大学新任教職員研修』pp. 32 - 34
日本教育方法学会編（2009）『日本の授業研究―Lesson Study in Japan―授業研究の歴史と教師教育』学文社

日本高等教育開発協会（2013）『小道具を使った授業への誘い』
日本リメディアル教育学会（2012）『大学における学習支援への挑戦』ナカニシヤ出版
バークレイ，E. F.、クロス，K. P.、メジャー，C. H.（安永悟監訳）（2009）『協同学習の技法：大学教育の手引き』ナカニシヤ出版
パイク，ロバート（中村文子監訳、藤原るみ訳）（2008）『クリエイティブ・トレーニング・テクニック・ハンドブック 第3版』日本能率協会マネジメントセンター
羽田貴史（2005）「大学教員の能力開発プログラムの実際」有本章、羽田貴史、山野井敦徳編『高等教育概論—大学の基礎を学ぶ—』MINERVA 教職講座16、ミネルヴァ書房
羽田貴史（2009）「大学教育改革と Faculty Development」東北大学高等教育開発推進センター編『ファカルティ・ディベロップメントを超えて』東北大学出版会、pp. 5 - 22
羽田貴史（2011）「大学教員の能力開発をめぐる課題」『名古屋高等教育研究』第11号、pp. 293 - 312
日置善郎、川野卓二、宮田政徳、吉田博、上岡麻衣子（2014）「2013年度徳島大学全学 FD 推進プログラムの実施報告」『大学教育研究ジャーナル』第11号、pp. 161 - 182
フィンク，L. D（土持ゲーリー法一監訳）（2011）『学習経験をつくる大学授業法』玉川大学出版部
伏木田稚子、北村智、山内祐平（2012）「テキストマイニングによる学部ゼミナールの魅力・不満の検討」『日本教育工学会論文誌』第36巻増刊号、pp. 165 - 168
伏木田稚子、北村智、山内祐平（2013）「教員による学部ゼミナールの授業構成—学生の特性把握・目標設定・活動と指導—」『名古屋高等教育研究』第13号、名古屋大学高等教育研究センター、pp. 143 - 162
藤波潔（2014）「共に悩み、考え、応えてくれる職員こそ教員にとって心強いパートナー」、『Between』12 - 1月号、pp. 6 - 7
ベネッセ教育研究開発センター（2013）『第2回大学生の学習・生活実態調査報告書』
ベネッセ教育総合研究所（2013）『大学生の主体的な学習を促すカリキュラムに関する調査報告書（アンケート調査編）』
ボイヤー，E. L.（有本章訳）（1996）『大学教授職の使命—スカラーシップ再考』玉川大学出版部

細谷俊夫、奥田真丈、河野重男、今野喜清編（1990）『新教育学大事典』第一法規出版
米谷淳（2010）「学生からの声を生かす―学生授業評価から学習支援評価へ」東北大学高等教育開発推進センター編『学生による授業評価の現在』東北大学出版会、pp. 5 - 36
松下佳代（2007）「課題研究『FDのダイナミックス』の方法と展望」『大学教育学会誌』第29巻第1号、pp. 76 - 80
松下佳代（2011 a）「FDネットワーク形成の理念と方法―相互研修型FDとSOTL」京都大学高等教育研究開発センター編『大学教育のネットワークを創る―FDの明日へ』東信堂、pp. 44 - 67
松下佳代（2011 b）「まえがき」京都大学高等教育研究開発センター編『大学教育のネットワークを創る―FDの明日へ』東信堂、pp. ⅰ - ⅴ
溝上慎一（2014）『アクティブラーニングと教授学習パラダイムの転換』東信堂
美馬のゆり、山内祐平（2005）『「未来の学び」をデザインする：空間・活動・共同体』東京大学出版会
牟田静香（2007）『人が集まる！　行列ができる！　講座、イベントの作り方』講談社
ムーニィ, キム・M（2014）「ファカルティ・ディベロップメント委員会との協働」ガレスピー・ロバートソン編（羽田貴史監訳）『FDガイドブック：大学教員の能力開発』、玉川大学出版部、pp. 56 - 70
毛利猛（2006）「ゼミナールの臨床教育学のために」『香川大学教育実践総合研究』第12号、pp. 29 - 34
文部科学省高等教育局大学振興課大学改革推進室（2014）「大学における教育内容等の改革状況について（平成24年度）」
文部省高等教育局大学における学生生活の充実に関する調査研究会（2000）『大学における学生生活の充実方策について（報告）―学生の立場に立った大学づくりを目指して』
メリアム, S. B（堀薫夫、久保真人、成島美弥訳）（2004）『質的調査法入門―教育における調査法とケース・スタディー』ミネルヴァ書房
安永悟（2006）『実践・LTD話し合い学習法』ナカニシヤ出版
安野舞子（2011）「学生参加型授業コンサルテーションの試行とその効果検証」『横浜国立大学 大学教育総合センター紀要』第1号、pp. 16 - 27
山内祐平編（2010）『学びの空間が大学を変える』ボイックス
山内祐平、大浦弘樹（2014）「序文」バーグマン, J、サムズ, A.（山内祐平、大浦弘樹監修）（2014）『反転授業』オデッセイコミュニケーションズ

山崎博敏編（2014）『学級規模と指導方法の社会学　実態と教育効果』東信堂
山地弘起編（2007）『授業評価活用ハンドブック』玉川大学出版部
山地弘起、川越明日香（2012）「国内大学におけるアクティブラーニングの組織的実践事例」『長崎大学大学教育機能開発センター紀要』第 3 号、pp. 67 - 85
山田剛史（2010）「大学教育センターからみた FD 組織化の動向と課題」『国立教育政策研究所紀要』第 139 集、pp. 21 - 35
山田剛史（2013 a）「学生の学びと成長を促進するための学生調査をデザインする」清水亮、橋本勝編『学生と楽しむ大学教育—大学の学びを本物にする FD を求めて』ナカニシヤ出版、pp. 40 - 62
山田剛史（2013 b）「連載：学びと成長を促すアセスメントデザイン（第 3 回：認知的側面に偏らない評価指標設定に知恵を絞ろう）」進研アド『Between』8 - 9 月号、pp. 32 - 34
山田剛史（2013 c）「連載：学びと成長を促すアセスメントデザイン（第 5 回：分析の視点と技術を体得し、適切な仮説設定と検証を）」進研アド『Between』12 - 1 月号、pp. 32 - 34
山田剛史（2014）「連載：学びと成長を促すアセスメントデザイン（第 6 回：対象に応じた情報還元で、教育改善のゴールをめざす）」進研アド『Between』2 - 3 月号、pp. 32 - 34
山本眞一（2013）「大学経営人材の現状と課題」『教職協働時代の大学経営人材養成方策に関する研究』（高等教育研究叢書 123）、広島大学高等教育研究開発センター、pp. 1 - 14
吉岡俊正（2003）「医学部教員のサバイバル　教育能力育成への提言、臨床前教育の教育能力育成」『東京女子医科大学雑誌』第 73 巻 5 号、pp. 140 - 148
吉崎静夫（1991）『教師の意思決定と授業研究』ぎょうせい
吉田香奈（2013 a）「カリキュラム・ポリシー」濱名篤・川嶋太津夫・山田礼子・小笠原正明編『大学改革を成功に導くキーワード 30 —「大学冬の時代」を生き抜くために』学事出版、pp. 99 - 104
吉田香奈（2013 b）「教養教育のカリキュラムと実施組織に関する一考察 – 実施組織代表者全国調査（2011 年）の分析より」広島大学高等教育研究開発センター『大学論集』44 集、pp. 195 - 210
吉田香奈、小澤孝一郎、於保幸正、古澤修一、西堀正英、田地豪（2013）「学生の主体的学びの確立に向けた授業方法の改善—教養ゼミへの PBL の導入」京都大学高等教育研究開発推進センター『京都大学高等教育研究』第 19 号、pp. 25 - 36
吉田博、金西計英（2014）「コースの中間期に実施する学生討議型授業コンサル

テーションの学生に与える影響」『日本教育工学会論文誌』第37巻4号、pp. 449 - 457

吉田塁、栗田佳代子（2014）「構造化アカデミック・ポートフォリオの開発」『日本教育工学会研究報告集』14（4）、日本教育工学会研究会、pp. 15 - 21

Allen, D.W. and Eve, A.W. (1968). *Microteaching. Theory into Practice*, 7 (5), pp. 181 - 185.

Bonwell, C.C. and Eison, J.A. (1991) "Active Learning: Creating Excitement in the Classroom". *AHE-ERIC Higher Education Report* No. 1

Carr, Rey (1981) *The Theory and Practice of Peer Counselling, Peer Resources*

Chickering, A.W. and Gamson, Z.F. (1987), "Seven Principles for Good Practice in Undergraduate Education", *AAHE Bulletin*, 39 (7), pp. 3 - 7.

Colbeck, C. L., O'Meara, K. and Austin, A. E. (Eds.) (2008) "Educating Integrated Professionals: Theory and Practice on Preparation for the Professoriate". *New Directions for Teaching and Learning*, No. 113. San Francisco CA: Jossey-Bass.

Cross, K. P., 2001, "Leading-edge Efforts to Improve Teaching and Learning," *Change*, 33 (4), pp. 30 - 37.

Ennis, Robert H (1987) "A Taxonomy of Critical Thinking Dispositions and abilities," in Baron, Joan Boykoff and Sternberg, Robert J. (Ed), *Teaching Thinking Skills: Theory and Practice*. Henry Holt & Co, pp. 9 - 26.

French, J. and Raven B (1959) "The Bases of Social Power," Cartwright, D. (eds.) *Studies in Social Power*, Institute for Social Resaerch, pp. 155 - 165.

Higher Education Academy (2011) *The UK Professional Standards Framework for Teaching and Support Learning in Higher Education.*

Higher Education Academy (2014) *Framework for Partnership in Learning and Teaching in Higher Education.*

Kirkpatrick, Donald L. (1998) *Evaluating Training Programs: The Four Levels, second edition*, San Francisco, CA, Berrett-Koehler Publishers.

Knapper and Wilcox (2007) *Preparing a Teaching Dossier*, Centre for Teaching and Learning, Queen's University.

Marincovich, M. (2007) "Teaching and Learning in a Research-Intensive University" Perry, R.P. and Smart, J., *The Scholarship of Teaching and*

Learning in Higher Education: An Evidence-Based Perspective, Splinger, pp 23-37.

McCaffery, P. (2010) *The Higher Education Manager's Handbook*, 2 nd edition. London: Routledge.

Nyquist, J. D., and Wulff, D. H. (2001), "Consultation Using a Research Perspective," Lewis, Karron G. and Lunde, Joyce T. Povlacs, (eds.), *Face to Face*, Stillwater: New Forums Press, pp. 45-62.

Nyquist, J.D., (2009) "Microteaching As Executed by CIDR Staff at the University of Washington", *International Symposium on Professional Development in Higher Education*, Hokkaido University & University of Tsukuba.

Smith, V. amd Cardaciotto,L.A. (2011) "Is Active Learning Like Broccoli? Student Perceptions of Active Learning in Large Lecture Classes," *Journal of the Scholarship of Teaching and Learning*, Vol. 11, No. 1, pp. 53–61.

Shulman, Lee S. (1987) "Knowledge and Teaching: Foundations of the New Reform", *Harvard Educational Review*, Vol. 57, No. 1, pp. 1-22.

Zubizarreta, J. (2009) "The Learning Portfolio : Reflective Practice for Improving Student Learning," *Reflective, Practice*, Vol. 10, p. 40.

編著者プロフィール（2016年6月現在）

佐藤浩章［さとう・ひろあき］
大阪大学　全学教育推進機構　准教授
専門は高等教育開発論、技術・職業教育学。2002年に愛媛大学大学教育総合センター教育システム開発部講師となり、同大教育・学生支援機構教育企画室准教授・副室長、キングス・カレッジ・ロンドン客員研究フェロー等を経て、2013年より現職。著書に、『学生・職員と創る大学教育―大学を変えるFDとSDの新発想』（分担執筆）、『大学教員のための授業方法とデザイン』（共著）、『研究・教育のシナジーとFDの将来』（分担執筆）。翻訳に『大学教員のためのルーブリック評価入門』（監訳）などがある。

中井俊樹［なかい・としき］
愛媛大学　教育・学生支援機構　教授
専門は大学教育論、人材育成論。1998年に名古屋大学高等教育研究センター助手となり、同准教授などを経て2015年より現職。著書に、『シリーズ大学の教授法3 アクティブラーニング』（編著）、『看護のための教育学』（共編著）、『看護現場で使える教育学の理論と技法』（編著）、『大学のIR Q&A』（共編著）、『大学の教務 Q&A』（共編著）、『大学教員準備講座』（共著）、『大学生のための教室英語表現300』（編著）、『大学教員のための教室英語表現300』（編著）、『成長するティップス先生』（共著）などがある。

小島佐恵子［こじま・さえこ］
玉川大学　教育学部　准教授
専門は高等教育論、教育社会学。2006年に立教大学大学教育開発・支援センター学術調査員となり、北里大学一般教育部講師を経て、2013年から現職。著書に「教育養成にかかわる大学教員の資質向上の課題―教員養成を担当する大学教員に望ましいFDの考察」『Synapse』、「修学支援の現状と課題」『学生支援の最新動向と今後の展望』、『改訂版 大学生活ナビ』（共著）、『現代アメリカ教育ハンドブック』（分担執筆）などがある。

城間祥子［しろま・しょうこ］
上越教育大学　大学院学校教育研究科　講師
専門は教育心理学。2007年に愛媛大学教育・学生支援機構教育企画室助教となり、2011年より現職。著書に『社会と文化の心理学：ヴィゴツキーに学ぶ』（編著）、『新教職教育講座第7巻：発達と学習』（分担執筆）、「大学・短大・高専教員の研修ニーズとFDの課題」（共著、『大学教育研究ジャーナル』第10号）などがある。

杉谷祐美子［すぎたに・ゆみこ］
青山学院大学　教育人間科学部　教授
専門は高等教育論、教育社会学。1998年に早稲田大学第一・第二文学部助手となり、日本学術振興会特別研究員、青山学院大学文学部教育学科専任講師、同准教授等を経て、2015年より現職。著書に、『第2回大学生の学習・生活実態調査報告書』（研究所報VOL.66）（分担執筆）、『大学改革を成功に導くキーワード30「大学冬の時代」を生き抜くために』（分担執筆）、「初年次教育の実践内容の類型化からみえるリメディアル教育」『リメディアル教育研究』第8巻第1号、「ワークシートの利用に着目した論文発展プロセスの分析」（共著『大学教育学会誌』第34巻第1号）、「レポートライティングにおける問題設定支援」（共著『教育心理学年報』第51集）、『大学の学び　教育内容と方法』（編著『リーディングス　日本の高等教育』第2巻）などがある。

執筆者一覧（2016年6月現在）

天野智水（琉球大学）
飯岡由紀子（東京女子医科大学）
池田史子（山口県立大学）
井上史子（帝京大学）
江本理恵（岩手大学）
大山牧子（大阪大学）
沖裕貴（立命館大学）
加藤かおり（帝京大学）
勝野（松本）喜以子（成蹊大学）
川島啓二（九州大学）
菊池重雄（玉川大学）
久保田祐歌（徳島大学）
栗田佳代子（東京大学）
小林忠資（愛媛大学）
榊原暢久（芝浦工業大学）
佐藤万知（広島大学）
清水栄子（愛媛大学）
白川優治（千葉大学）
杉原真晃（聖心女子大学）
竹中喜一（関西大学）
近田政博（神戸大学）
長澤多代（三重大学）
中島夏子（東北工業大学）
中島英博（名古屋大学）
西野毅朗（京都橘大学）
根岸千悠（大阪大学）
橋場論（福岡大学）
平井孝典（佛教大学）
ホートン広瀬恵美子（芝浦工業大学）
細川和仁（秋田大学）
山田剛史（京都大学）
吉田香奈（広島大学）

高等教育シリーズ171

大学のFD Q&A

2016年6月20日　初版第1刷発行
2018年6月20日　初版第2刷発行

編　者────────佐藤浩章・中井俊樹・小島佐恵子・城間祥子・杉谷祐美子
発行者────────小原芳明
発行所────────玉川大学出版部
　　　　　　　　　〒194-8610　東京都町田市玉川学園6-1-1
　　　　　　　　　TEL 042-739-8935　FAX 042-739-8940
　　　　　　　　　http://www.tamagawa.jp/up/
　　　　　　　　　振替　00180-7-26665
装幀────────渡辺澪子
印刷・製本──────モリモト印刷株式会社

乱丁・落丁本はお取り替えいたします。
© Hiroaki SATO, Toshiki NAKAI, Saeko KOJIMA, Shoko SHIROMA, Yumiko SUGITANI 2016
Printed in Japan
ISBN978-4-472-40520-4 C3037 / NDC377